Um tipógrafo na Colônia

Leão Serva

Um tipógrafo na Colônia

Vida e obra de Silva Serva,
precursor da imprensa
no Brasil e das fitas do Bonfim

PubliFolha

Copyright © 2014 Publifolha – Divisão de Publicações da Empresa Folha da Manhã S.A.

Todos os direitos reservados. Nenhuma parte desta obra pode ser reproduzida, arquivada ou transmitida de nenhuma forma ou por nenhum meio sem a permissão expressa e por escrito da Publifolha – Divisão de Publicações da Empresa Folha da Manhã S.A.

EDITOR Alcino Leite Neto
EDITOR-ASSISTENTE Bruno Zeni
COORDENAÇÃO DE PRODUÇÃO GRÁFICA Mariana Metidieri
PRODUÇÃO GRÁFICA Iris Polachini
CAPA luorvat design
PROJETO GRÁFICO DO MIOLO Mayumi Okuyama
PREPARAÇÃO Luciana Araujo
REVISÃO Cacilda Guerra e Isabel Jorge Cury

Dados Internacionais de Catalogação na Publicação (CIP)
(Câmara Brasileira do Livro, SP, Brasil)

Serva, Leão
    Um tipógrafo na Colônia : vida e obra de Silva Serva, precursor da imprensa no Brasil e das fitas do Bonfim / Leão Serva. -- São Paulo : Publifolha, 2014.

    ISBN 978-85-7914-510-0

    1. Jornalistas - Biografia 2. Serva, Manoel Antonio da Silva I. Título.

13-12975   CDD-920.5

Índice para catálogo sistemático:
1. Jornalistas : Biografia   920.5

Este livro segue as regras do Acordo Ortográfico da Língua Portuguesa (1990), em vigor desde 1º de janeiro de 2009.

PUBLIFOLHA

Al. Barão de Limeira, 401, 6º andar
CEP 01202-900, São Paulo, SP
Tel.: (11) 3224-2186/2187/2197
www.publifolha.com.br

Sumário

10   Introdução

16   Homem de negócios e agitador cultural
34   A Bahia do Brasil Colônia
44   Uma tipografia em família
70   As fitas do Bonfim
76   A gráfica e a gazeta
106 Garimpeira de livros
120 Ainda muito por pesquisar
136 Surgem novos personagens
162 Um reencontro duzentos anos depois

170 Notas
177 Catálogos das obras impressas por Silva Serva
     e sucessores
     1. Livros e impressos em geral
     2. Periódicos
195 Bibliografia

Ao meu pai, Jayme

"Gente que vem de Lisboa,
Gente que vem pelo mar
[...]
Ei nós, que viemos de outras terras, de outro mar
Temos pólvora, chumbo e bala, nós queremos é guerrear."

CANÇÃO POPULAR BRASILEIRA

"Falai em tudo verdades,
A quem em tudo as deveis."

SÁ DE MIRANDA [EPÍGRAFE DO JORNAL *IDADE D'OURO*, 1811]

"A verdade que eu conto nua e pura
Vence toda a grandíloqua escritura."

LUÍS DE CAMÕES, *OS LUSÍADAS*, CANTO V, 89
[EPÍGRAFE DO *DIÁRIO CONSTITUCIONAL*, 1821]

Introdução

Em 1911, nas comemorações do centenário da fundação da imprensa na Bahia, Octavio Mangabeira proferiu um discurso em homenagem a Manoel Antonio da Silva Serva, criador da primeira tipografia no Estado e responsável pelo *Idade d'Ouro do Brazil*, o primeiro jornal feito por iniciativa particular editado no país, além da primeira revista brasileira, *As Variedades ou Ensaios de Literatura*. Em sua palestra, o engenheiro, jornalista e posteriormente governador do Estado e senador declarou:

> Declinando, como há pouco declinei, o nome do comerciante lusitano que fundou entre nós a *Idade d'Ouro*, deixai também que reclame uma parte dos lauréis da comemoração que fazemos para uma família quase extinta, que dorme no anonimato, e a quem não sei se me tema de classificar de benemérita, por isso que, durante algumas décadas, seu nome se acha diretamente ligado à manutenção e ao progresso do jornalismo baiano.[1]

Sem que o intelectual baiano soubesse, a "família quase extinta" seguia sua história, ativa, crescendo e se multiplicando, embora longe dali.

A "quase extinção" dos Serva a que se referia Mangabeira um século atrás foi causada pela diáspora provocada em todo o Brasil pela Guerra do Paraguai. Naquele episódio histórico, que contribuiu para a solidificação da ideia e para a formação objetiva do país como poucos fatos ocorridos antes e depois, centenas de milhares de brasileiros foram forçados a migrar, por razões econômicas ou militares que começaram temporárias e para muitos se tornaram permanentes. Assim ocorreu com os Serva na Bahia, cujos filhos foram enviados para o front, do qual muitos deles não mais voltariam aos "mares e campos baianos".

Ao final do conflito no Sul do país, um neto de Manoel Antonio da Silva Serva, chamado Jayme Soares Serva, que servira no Exército como oficial médico, radicou-se no interior de São Paulo, casou-se, mudando-se em seguida para a capital paulista, onde militou na causa republicana e antiescravagista e teve nove filhos, dos quais vários tiveram relação com a imprensa e com as artes. Antes mesmo do discurso de Mangabeira, o jornalista Mário Pinto Serva atuava na imprensa e na política paulista, tendo se tornado ao longo dos primeiros anos do século xx uma voz destacada do jornalismo e um dos principais porta-vozes da Liga Nacionalista, graças ao espaço que Julio de Mesquita oferecia em *O Estado de S. Paulo* à sua campanha pela modernização da vida brasileira, a qual incluía, entre outras ideias, a alfabetização obrigatória e o voto secreto. Ambas as iniciativas iriam ser consagradas em leis de autoria de Mário Pinto Serva nos anos 1930.

Mário fez parte também do grupo de jornalistas do *Estadinho*, um segundo jornal publicado com sucesso por O *Estado de S. Paulo* durante a Primeira Guerra Mundial, que perdeu influência depois do conflito. Após o fechamento da publicação, o grupo se juntou para fundar a *Folha da Noite* (um dos jornais que deram origem à *Folha de S.Paulo*), ironicamente tendo como figura mais proeminente Julio de Mesquita Filho, herdeiro do jornal concorrente. Mais tarde, já no fim dos anos 1920, Mário Pinto Serva participaria do *Diário Nacional* (1927-32), onde revezou com Mário de Andrade em uma coluna de crônicas, até o empastelamento do jornal após a derrota militar do Movimento Constitucionalista de 1932. Crítico ácido das vanguardas artísticas europeias, paradoxalmente também foi um dos colaboradores da *Revista de Antropofagia*, em 1928.

Pouco depois do centenário do primeiro jornal baiano, em 1911, outro descendente de Silva Serva participava do desenvolvimento da imprensa brasileira, também longe da Bahia. Em 1914, Gelásio Pimenta e sua mulher, Victoria Serva, lançaram em São Paulo *A Cigarra*, revista de variedades que marcaria época com um noticiário que misturava celebridades à alta cultura, alquimia que hoje parece impossível. Gelásio morreu em 1924, e a revista, em situação quase falimentar, foi saneada por seu cunhado, o comerciante Leão Serva, e em seguida incorporada ao patrimônio de Assis Chateaubriand, dono da revista O *Cruzeiro* e grande magnata da mídia tupiniquim.

Não se extinguiu a família Serva nem se desfizeram seus laços com o jornalismo, portanto. Mas ela deixou a Bahia, onde não esteve representada nas comemorações do centenário da principal obra de seu ancestral. Naquele longínquo 1911, em que a família já se encontrava separada em pelo menos dois ramos, o baiano e o paulista, tampouco os Serva mandaram notícias de sua intensa atividade no que futuramente seria chamado "o Sul maravilha".

Mais de cem anos se passaram, e fui honrado com o convite para participar, na condição de "tataraneto do grande empreendedor", do evento de comemoração do bicentenário da revista *As Variedades ou Ensaios de Literatura*, criada por Manoel Antonio da Silva Serva, em 1812, um ano após a fundação do *Idade d'Ouro do Brazil*. Na ocasião, o primeiro número da revista ganhou uma edição fac-similar, patrocinada pelo governo baiano e concebida pelo historiador Luis Guilherme Pontes Tavares, dedicado estudioso da história da imprensa no Estado.

Ali, as saudações elogiosas ao precursor da imprensa baiana e brasileira incluíram carinhosas referências a seus descendentes, sempre destacando a surpresa da existência atual de um Serva, especialmente sendo ele jornalista, como seu antepassado.

Foi quando nasceu a ideia deste livro, com a finalidade de contar aos leitores de todo o país a história e as histórias de um empreendedor que, apesar de sua vida relativamente curta, deixou na cultura brasileira marcas importantes e realizações pioneiras: o primeiro jornal particular editado no país e a impressão de dezenas de outros títulos, entre periódicos e livros; a primeira revista de nossa história; o plano da primeira biblioteca pública da Bahia; o projeto da primeira fábrica de papel; a realização da primeira escola de impressão; o lançamento de um livro de autoajuda, a produção das primeiras edições piratas de livros e uma versão precursora das populares fitinhas do Senhor do Bonfim da Bahia – estas, sim, amplamente conhecidas até hoje. Como diz o "Hino do Senhor do Bonfim", glória a ti, neste dia de glória…

Homem de negócios e agitador cultural

Manoel Antonio da Silva Serva (1760?-1819) foi o empresário por trás de três empreendimentos pioneiros na história do país: uma tipografia privada que levava seu nome – a Tipografia Silva Serva; o jornal particular *Idade d'Ouro do Brazil*, periódico lançado apenas um dia após o início do funcionamento da tipografia, em 13 de maio de 1811, do qual era proprietário; e a revista *As Variedades ou Ensaios de Literatura*, publicada pouco menos de um ano depois.

Os primeiros impressos de Silva Serva foram às ruas naquele 13 de maio por ser o dia dedicado a comemorar a data de nascimento do príncipe regente, d. João VI (1767-1826).

Naquele dia de festas, quando a população era convidada a celebrar o aniversário do governante, Silva Serva fez circular pelas ruas da cidade de São Salvador pelo menos dois impressos: um prospecto com o projeto para a primeira biblioteca pública da Bahia e outro sobre como deveria ser editado o jornal (esse documento ainda não menciona o nome exato do periódico, chamando-o apenas de "gazeta da Bahia", o que induz a certa confusão tanto com o nome da *Idade d'Ouro* quanto com a *Gazeta da Bahia*, que viria a ser criada em 1828). A coincidência mostra que o empresário tinha um projeto completo de difusão da leitura, que incluía implantar uma tipografia, editar livros, criar um jornal e fomentar o estabelecimento de uma biblioteca.

Quase nada se sabe sobre ele antes da chegada ao Brasil. Por certo, estava em Salvador em 1792 (como este estudo vai demonstrar). Possivelmente chegou em 1788 (como apontou a historiadora Cybelle de Ipanema, com base em uma petição formal de Silva Serva ao governador da Bahia). E isso é quase tudo.

Manoel Antonio da Silva Serva foi um grande empreendedor, homem de negócios, ao mesmo tempo que se provava um animador da atividade empresarial e cultural na então colônia portuguesa. Em seus anos de Bahia, que são a maior parte de sua vida, Silva Serva empreendeu muito para si e para a cidade de Salvador e deixou um legado que já seria impressionante se se restringisse ao que descobriram os pesquisadores Renato Berbert de Castro, Marcello e Cybelle de Ipanema e Maria Beatriz Nizza da Silva.

Segundo os trabalhos desses autores, que são a principal referência nos estudos sobre o empresário, ele foi responsável pela publicação de centenas de livros (ver p. 177). Sua empresa gráfica, ao seu tempo ou na época de seus sucessores, foi também a fomentadora de periódicos de todas as correntes de opinião que circularam na vida política baiana nos anos que antecederam a Independência, e mesmo depois da vitória das forças brasileiras em 2 de julho de 1823.

Entre 1811 e 1846, aproximadamente, Silva Serva e seus sucessores imprimiram pelo menos um terço de todos os jornais publicados na Bahia, cerca de 55 periódicos (ver p. 191) entre os 160 listados nos *Annaes da Imprensa da Bahia* durante aquele período.[1]

No discurso com que homenageou o centenário da fundação da imprensa na Bahia, Octavio Mangabeira, referindo-se a Manoel Antonio da Silva Serva e seus descendentes imediatos, diz que "seu nome se acha diretamente ligado à manutenção e ao progresso do jornalismo baiano". Para mostrar a intensidade desse vínculo, Mangabeira passa a relacionar:

> Vejamo-lo:
> Manoel Antonio da Silva Serva montou, como já vos disse, a *Idade d'Ouro*. O segundo órgão de publicidade vindo a lume na Bahia, *As Variedades ou Ensaios de Literatura*, em 1812, saiu da tipografia de Manoel Serva. Constituída depois uma casa de impressão, de propriedade da firma Viúva Serva & Carvalho, inauguraram-se aí os seguintes jornais: no ano de 1821, a 1º de março, a terceira gazeta baiana, o *Semanario Civico*; a 7 de abril, a *Minerva Bahiense*; a 4 de agosto, o *Diário Constitucional*; no ano de 1822, a 10 de abril, *O Constitucional*; a 21 de junho, a *Sentinella Bahiense*; a 12 de agosto, o *Espreitador Constitucional*; a 24 de agosto, a *Idade do Ferro*; a 2 de dezembro, *A Abelha*; no ano de 1823, a 19 de agosto, o *Echo da Pátria*; no ano de 1824, a 13 de fevereiro, o *Grito da Razão*; a 16 de novembro, o *Correio da Bahia*.[2]

Depois de cerca de dez anos de uma quase exclusividade da *Idade d'Ouro*, em três anos a empresa criada por Silva Serva imprimiu onze periódicos, por sua iniciativa ou de terceiros.

A história imediata dos fatos que antecederam a independência do Brasil e dos acontecimentos dos primeiros anos da nação seguiram sendo impressos naquela tipografia.

O texto de Octavio Mangabeira, em seguida, lista ano a ano os jornais lançados, quer por iniciativa da empresa, que com a morte de Silva Serva passou a ser tocada pela mulher, Maria Rosa da Conceição Serva, denominada sempre "viúva Serva", quer por iniciativa de seus filhos, que, além de tipógrafos, comandaram pessoalmente jornais concorrentes entre si, como cita a lista de Mangabeira: "Extinta a antiga firma Viúva Serva & Carvalho, fundou-se a casa Viúva Serva & Filhos, onde também se estrearam: no ano de 1827, O Farol; no ano de 1828, O Soldado de Tarimba, o Sentinella Constitucional da Liberdade e a Gazeta da Bahia, de propriedade de Manoel Antonio da Silva Serva [filho] […]".

E mais adiante, em 1833, saiu o delicioso título O Doudo nos Seus Lúcidos Intervalos, além de Conversa dos Sinos da Bahia e da Gazeta Commercial da Bahia, "editada por J. A. da Silva Serva". As iniciais J. A. são de José Antônio, segundo filho homem de Manoel Antonio, que portanto teve um jornal próprio concorrendo com o do irmão mais velho.

A publicação de periódicos segue mais ou menos no mesmo ritmo por outros tantos anos, em duas empresas em que também mãe e filho eram concorrentes. Ainda segundo Octavio Mangabeira, no mesmo discurso:

> Foram ainda publicados: na tipografia de Manoel Serva, O Português, em 1830, O Brazileiro e o Dois de Julho, em 1839; e na tipografia

Imperial e Constitucional, propriedade da viúva Serva, a *Theiopolita*, em 1839; *O Gafanhoto*, *O Peru* e *O Frade Leigo*, em 1840; e a *Escola Domingueira*, em 1841. Figuram enfim, como impressos na tipografia de Manoel Serva, *O Progresso*, em 1841, e *O Rabequista*, em 1843.

Mangabeira conta então que, de 1843 em diante, não são conhecidos outros periódicos lançados pela família Silva Serva. E conclui: "O que é certo, porém, é que de 1811 a 1843, num período, portanto, de 32 anos, a família Silva Serva esteve mais ou menos ligada à quase totalidade dos jornais que se publicaram na Bahia".[3]

A lista completa de periódicos citados por Octavio Mangabeira como tendo saído das oficinas gráficas de Silva Serva e seus familiares inclui 55 títulos, que ele dizia ser "a quase totalidade dos jornais que se publicaram na Bahia" nos anos de sua existência. A lista de Mangabeira não inclui entre os jornais lançados em 1822 o *Baluarte Constitucional*. Este é mencionado pelo pesquisador Pablo Iglesias Magalhães no ensaio "Livros ultramarinos", ao referir-se a Antonio Thomas de Negreiros, autor de um livro publicado por Silva Serva, *Tratado de operações de banco*, de 1817 (livro de número 102 no catálogo de Renato Berbert de Castro). Seriam então pelo menos 56 títulos.

O estudioso de história da imprensa baiana Nelson Cadena, nascido na Colômbia e radicado na Bahia há muitas décadas, diz que esse número corresponde a cerca de um terço das 167 publicações impressas no Estado em quase quarenta anos. Ainda assim, é uma influência muito grande.

Se Cadena, que há muitos anos se dedica a pesquisar sobre a história dos periódicos baianos, acha correto o número de 56 publicações produzidas pelas tipografias de Manoel da Silva Serva, de sua viúva e dos filhos em diferentes oficinas gráficas, ele contesta que o fim da atividade dos Serva na imprensa baiana tenha se dado em 1843, tal como menciona Mangabeira, citando por sua vez os *Annaes da Imprensa da Bahia* (1811-1911), de João Nepomuceno Torres e Alfredo de Carvalho. Cadena encontrou referências críticas "aos Serva" em 1847 no polêmico jornal O *Rabecão*, editado em Santo Amaro da Purificação.

São duas as referências que o pesquisador localizou sobre Serva em O *Rabecão*. Na edição de 7 de agosto de 1847, o jornal diz, em um texto extremamente agressivo e já à época politicamente incorreto:

> Resposta às incongruentes garatujas, que sob o título de soneto se acham estampadas no imundo mulambo, ou trapo de menstruo intitulado Rabeca n. 14, saído da espelunca à rua [...] Chega-te para a frente frango tezo, fala descarado, não tremas porque não é nessa lata mais vil que as nadegas de um negro que enxovalho minhas mãos... Não temes que eu conjure os manes do Serva para confundir-te infame hermafrodito? Responde, miserável lapuz. Já vacilas? Já tremes? Já te confundes? [...] Concluo dedicando ao infame sevandija, punheta de enxorrada, autor do ambiguo a que chamam soneto, escarrado no mulambo Rabeca [...].[4]

A palavra "manes", que já não se usa mais, dá à frase um sentido obscuro. O que teria querido dizer o redator com "manes do Serva"? O *Dicionário Houaiss da língua portuguesa* explica que "manes", um substantivo que só existe no plural, significa "as almas dos mortos", ou "para os antigos romanos, as almas deificadas de ancestrais já falecidos".⁵ Nesse caso, o mencionado Serva (o fundador da imprensa baiana, Manoel Antonio da Silva Serva, pai) poderia ser um já morto ou um vivo dado como "morto" porque sua atividade empresarial já estivesse enterrada.

Pouco mais de um mês depois, em 11 de setembro de 1847, o redator dispara outro ataque chulo a seu oponente, cujo nome desconhecemos, invocando novamente "o Serva":

> Conselho de uma mãe a seu filho: Olha, Domingos, meu filho, não te metas em camisa de onze varas, deixa de ser gazeteiro... O chifre de teu pai me dizia toda a vida: de ruim mouro, nunca bom cristão. Vai te servindo de roupa alheia como fazes com o moço Elpídio, com o Pena, com o Villasboas e como fizeste na Bahia com o Tavares, com o Serva, o teu favorito Serva que te pôs no desgraçado estado em que estás hoje, como ânus sem servência. Domingos, do cu arrombado.⁶

Aqui mais uma vez o ataque por tabela ao editor não deixa claro exatamente se é por uma publicação recente ou algo mais antigo. Mas, como me disse o pesquisador Cadena, em entrevista concedida para este livro em Salvador, "se *O Rabecão* estava atacando Silva Serva em 1847, é provavelmente sinal de que ele ainda estava atuando".

Ainda assim, o fato de que as referências tenham escasseado, passando a aparecer quando muito de forma indireta no final da década de 1840, é sinal de que sua atividade gráfica deve realmente ter se interrompido por essa época.

Além dos quase sessenta periódicos, nesses anos que vão de 1811 ao final da década de 1840, Silva Serva, sua mulher e dois filhos, juntos ou cada um em sua empresa, publicaram cerca de trezentos livros.

O catálogo das obras publicadas por Silva Serva contém apenas aqueles que traziam a "imprenta", como se chama a referência que os livros trazem ao nome da editora que o produziu. Mas há indícios de que Manoel Antonio da Silva Serva e seus sucessores, a viúva e os filhos, publicaram muitos volumes sem essa identificação, já que eram obras proibidas. Mesmo entre os que traziam sua marca, nem todos eram perfeitamente "legais". Entre os assinados estavam livros publicados sem autorização de seus autores. E, entre os ilegais, apócrifos, estavam as diversas obras religiosas que eram consideradas doutrinariamente inaceitáveis pela Igreja da época, como narram Marcello e Cybelle de Ipanema no livro *A tipografia na Bahia*. Os pesquisadores citam os diversos documentos produzidos logo após a morte de Silva Serva por Manuel Joaquim da Silva Porto, seu amigo e parceiro comercial no Rio de Janeiro, que ficou como testamenteiro incumbido pela família de despachar de volta para Salvador os livros que o empresário radicado na Bahia havia levado para vender na capital do país. *A tipografia na Bahia* registra no capítulo "Morte e decorrências":

> Nessa mesma documentação, há uma ordem ao desembargador do Paço Juiz da Alfândega desta cidade para mandar examinar se, entre os livros de Manuel Joaquim da Silva Porto, não se achavam, com as orações sagradas, os livrinhos intitulados *do Milagre*, para

serem cassados. Igualmente, ordem ao Juiz do Crime do bairro de Santa Rita, para fazer apreensão do mesmo que consta venderem-se publicamente pelas ruas da cidade. A matéria deu lugar a um longo processo e muitas providências, pois, como está no documento: [...] se mostra continuar tão punível abuso a viúva do mesmo proprietário, o qual só em uma ocasião introduzira nesta corte 3 mil dos ditos livrinhos que se mandaram cassar por ordem desta Mesa, como supersticiosos e indutivos de erros e desordens pelas falsas promessas que eles contêm para os que os trouxerem consigo.[7]

De fato, as investigações terminaram com a apreensão de "1.455 livrinhos ditos perniciosos".

Assim, é possível notar que, além dos livros autorizados pela censura oficial da época, a tipografia de Silva Serva também buscava fazer dinheiro com obras de grande sucesso mas proibidas. E não foram só os livros religiosos populares que poderiam ser considerados contra as leis de então. Buscando aumentar as vendas, Serva também fez cópias piratas, reproduzindo em sua gráfica da Bahia volumes de sucesso no exterior sem autorização de seus autores, como se constata no artigo "A palavra e o império", de Pablo A. Iglesias Magalhães.[8] O texto revela a existência de um volume chamado *Arte da grammatica portugueza* entre os primeiros impressos de Silva Serva no mesmo ano do lançamento de sua tipografia, 1811. Essa edição não havia sido detectada por Renato Berbert de Castro em seu catálogo clássico, o que indica que, ao imprimi-lo em 1811, Serva provavelmente não anunciou seu lançamento no jornal *Idade d'Ouro*, como costumava fazer. E assim, sendo a coleção do jornal uma das fontes principais para o pesquisador, a falta do anúncio deve ter gerado a lacuna em seu catálogo *A primeira imprensa da Bahia e suas publicações*.[9] Berbert de Castro somente incluiu em seu catálogo, sob o número 55, a nova edição ampliada do livro, feita pela tipografia em 1814, citando como fonte da informação uma nota do jornal, na edição de 22 de abril daquele ano, que dizia: "Sahio à luz a *Arte da Grammatica Portugueza*, ordenada em methodo breve fácil e claro. Terceira impressão mais correcta".[10]

Berbert de Castro acrescenta em seguida no seu texto: "Não encontramos nenhum exemplar do livro em registro para exame".

Iglesias Magalhães, no artigo citado, noticia a existência da edição do livro datada de 1811 e investiga a história da obra, bem como a função das gramáticas para a afirmação do poder português sobre seu imenso império colonial. É nesse contexto que, a certa altura do ensaio, o pesquisador afirma:

> Em 1828, o presbítero secular Luiz Duarte Villela da Silva, amigo de Pedro José de Figueiredo, afirmou que a tipografia de Manoel Antonio da Silva Serva imprimiu a *Arte da grammatica* sem a autorização do seu autor. Isto caracteriza essa edição como clandestina, como outras feitas por Silva Serva, que não respeitava os privilégios de publicação da Impressão Régia, tanto de Lisboa quanto do Rio de Janeiro.[11]

O historiador baiano revela portanto que, além do ineditismo em outros tantos campos, deve ser incluído também na lista de ações pioneiras de Silva Serva o lançamento das primeiras reproduções brasileiras não autorizadas de livros de sucesso no exterior. Ou seja, o de iniciar o que hoje se chamaria de "pirataria" de direitos autorais.

E não foi só a *Arte da grammatica* que teve edição não autorizada no Brasil. Indicando que isso pode ter sido uma prática recorrente do editor, também o *Manual de appelações e aggravos ou dedução systematica dos principios mais solidos*, de António Joaquim de Gouveia Pinto, foi publicado em Portugal em 1805 e depois editado pela tipografia de Silva Serva em 1815, com o nome de *Manual das appelações e agravos*, como consta do catálogo de Renato Berbert de Castro,[12] segundo seu autor, sem autorização. Como revela Iglesias Magalhães, em correspondência que me enviou durante a realização deste livro, em 1820 o autor decidiu protestar em uma nova edição de sua obra em Lisboa e publicou o "privilégio de impressão da obra" – a autorização emitida por d. João VI para que ele editasse seu trabalho com exclusividade em todo o território português e suas colônias. Em seguida, o livro de 1820 traz uma "Advertência preliminar", que diz explicitamente: "Tendo a primeira impressão da presente Obra tido uma extração não esperada, e muito mais por ter se reimpresso na Bahia sem consentimento do Autor, e introduzido neste Reino grande porção de exemplares semelhantes, vio-se o mesmo Autor na necessidade de renovar a primeira, que se acha extincta".[13]

Mas quem teria sido esse homem que, ao morrer em 1819, com cerca de 58 anos, tanto havia realizado a ponto de sua marca se perpetuar por décadas, em um período de tanta

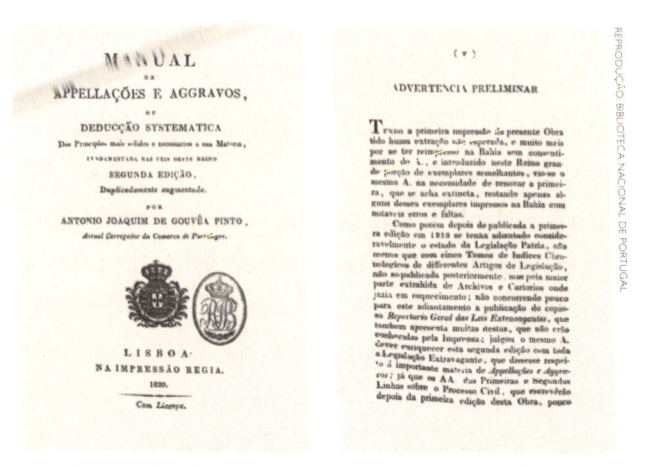

Frontispício da edição de 1820 do *Manual de appellações e aggravos* e, à direita, "Advertencia preliminar" na edição de 1820 do livro, que faz referência à edição "pirata" feita na Bahia por Silva Serva.

conturbação política, quando a Bahia atravessou uma guerra de independência (1822-3), o Brasil passou de colônia a nação independente, sob a coroa de d. Pedro I, e, com sua abdicação, viveu nove anos de Regência até a maioridade do imperador Pedro II, em 1840?

Pouco se sabe sobre Manoel Antonio da Silva Serva. Nem onde nasceu, nem quando, nem quais foram suas atividades antes de chegar à Bahia, ou suas origens familiares, relações empresariais etc. Mas a cada nova descoberta se destaca ainda mais a figura desse "capitão da indústria", como o definiu Cybelle de Ipanema, um empreendedor de sucesso, pioneiro em múltiplos campos.

IDADE D'OURO

DO BRAZIL.

Terça feira 14 de Maio de 1811.

Fallai em tudo verdades
A quem em tudo as deveis.

Sá, e Miranda.

GRAM-BRETANHA.
Londres 10 de Fevereiro de 1811.

Quarta feira 6 do corrente teve lugar a Ceremonia da installação do Principe de Galles em Regente da Gram-Bretanha por virtude de hum acto do Parlamento, que em consequencia do estado de molestias do Rei seu Pai Declarou que áquelle Principe pertencia a Regencia dos Reinos Unidos em Nome, e com o consentimento de SUA MAGESTADE BRITANICA.

Na folha = The Courier = de Sabbado 16 de Fevereiro se tem dois interessantes artigos da tomada de *Batavia*, e da *Ilha de Banda* estabelecimentos Holandezes na *Asia*, que ainda perturbaváo a tranquilidade absoluta da Gram-Bretanba naquelles mares. O primeiro he huma conjectura deduzida de hum Officio do General *Abercromby* o Conquistador da *Ilha de França*; mas o segundo he Official confirmado até pela sahida do Governador, e Magistrados da *Ilha do Principe de Galles* para a conquistada *Ilha de Banda*.

HESPANHA.
Cadix 5 de Março.

Nas Gazetas extraordinarias da Regencia deste dia vem insertos hum Officio de *D. Manuel La peña* General em Chefe interino do quarto Exercito, em que participa ao Chefe do Estado Maior General a tomada pelo Exercito do seu Commando do interessante ponto de *Casas Viejas*, e a de *Beguer* pelo Coronel *Aymerich*; Hum aviso do Telegrapho de *Sancti Petri* de se ter tomado sem disparar hum tiro; E a participação verbal da derrota do Exercito Francez com perda de 5 peças d'artilheria, bastantes prizioneiros, e hum General, mandada pelo General em Chefe *D. Manoel La peña* ao Conselho da Regencia.

Em huma Carta fidedigna da mesma Cidade com data de 6 de Março se endividuão algumas circunstancias deste successo, entre

Acima e nas páginas seguintes, fac-símile da edição inaugural, com quatro páginas, do jornal *Idade d'Ouro do Brazil*, de 14/5/1811.

ellas o Nome do General Francez prizioneiro, se diz Rufin. Tambem se menciona a perca de 60 homens entre mortos, e feridos, destes ultimos 6 Officiaes inc'uzo o seu Tenente Coronel *Bus b*, pertencentes ás Companhias Portuguezas N.º 20, que forão á expedição, e se pottárão com muito valor.

LISBOA 18 de Março.
Na Gazeta deste dia se lê o seguinte artigo.

Por cartas ultimamente recebidas do Exercito em data de 14 do corrente da Villa da *Ega*, onde se achava naquelle dia o Quartel General de *Lord Wellington* consta que os Inimigos tinhão sido desalojados do Pombal com perda de 200 cavallos.

Na *Redinha* quiz sustentar posição a Divisão de *Ney* de 15® homens; mas foi desalojada promptamente pelas nossas Tropas com perda delles de 600 a 700 homens.

Parecerão querer defender *Condexa*, mas sendo rechaçados na tentativa que fizerão para passar em *Coimbra*, ignorando-se ainda a perda que ahi padecêrão dirigirão-se pelo caminho do *Rabaçal* para a *Ponte da Murcella*.

O Coronel *Trant*, e as Tropas de *Coimbra* parece que passávão naquella mesma noite a reforçar as que defendião a passagem do *Alva*, e *Lord Wellington* seguia o inimigo com a maior celeridade. Huma pesssoa, que veio dalli, diz que no dia 15 ás 2 horas da manhã tinha principiado a ouvir muito fogo, que durou todo o dia.

N. B. Grassa a noticia de que o resultado desta acção fora a total derota dos Francezes naquelle ponto. Nem pod a esperar-se outra consequencia da actividade dos nossos Exercitos, e do resentimento dos Povos. Aquelles que forão insultados violentamente pelos inimigos, não lhes dão agora quartel, e os passão irremissivelmente á espada. A vingança he instincto natural do homem, e a pena de Talião a primeira, e anterior a todos os Codigos penaes.

BAHIA 14 de Maio de 1811.

Por occasião do fausto Natalicio de S. A. R. o PRINCIPE REGENTE N. S. concorrerão á Sála do Palacio do Governo para o cortejo do estilo o Corpo da Camara, todos os Officiaes Militares, Magistrados, e varias pessoas da Nobreza desta Cidade. Findo o acto com esplendor, e magnificencia demonstradores de tão festiva solemnidade, recitou o Reverendo Padre *Ignacio José de Macedo* huma elegantissima Oração Gratulatoria a S. A. R. por tantos, e tão altos beneficios, quan os a esta Cidade se franqueárão no sempre memorando Dia 13 de Maio de 1811. Com a mais profunda, e bem applicada erudição demonstrou o Orador que a *Sciencia dos Vassalos he a mais firme base do Throno*; fazendo ver que os costumes se adoção, e a obediencia, e lealdade crecem na mesma proporção em que as luzes se dilatão. A satisfação de todos os circunstantes foi a mais completa porque todos estavão accordes nos mes-

'mos sentimentos, gratidão, reconhecendo a incommensuravel extensão de Graças igualmente productivas d'honra, e de vantajosas utilidades.

Neste dia tão solemne he que o Público vio os primeiros trabalhos da Imprensa novamente erigida nesta Cidade. Forão elles a Oração Gratulatoria já mencionada: o Plano para o estabelecimento da Bibliotheca pública com a Lista dos Subscriptores, e o Prospecto da Gazeta, reunindo-se como em hum fóco todas as mercês mais interessantes para nos convencerem do Amor Paternal, com que o Nosso Augusto Soberano se desvela pelo nosso bem. Ardentes votos de perenne felicidade era o sentimento unanime de todos os que podião ajuizar a grandeza dos Beneficios. Tudo parece concorria para fazer o Anniversario de S. A. R. hum dia verdadeiramente de Graças que fixasse huma época brilhante na Historia do Brazil As noticias que por via de Pernambuco se receberão da Peninsula no dia 10 são as mais agradaveis, contém ellas o seguinte. " Chegou de Lisboa no dia 13 do passado (Abril) com 23 dias de viagem hum Navio com a noticia de que os Francezes já se tinhão retirado de Monxique, e seguem a sua marcha para Hespanha. Os Portuguezes os seguem, tendo lhes já tomado todos, ou muita parte dos petrechos de Guerra, que elles tinhão, e a pezar d'haver noticia de que vinha hum Corpo de 1000 Francezes, com tudo elles não o esperão, e vão continuando a sua accelerada marcha ,, Estas mesmas novidades o Governador de Pernambuco mandou já participar a S. A. R. pelo Tenente Coronel Pires.

Por occasião do mesmo felicissimo Anniversario se publicárão varios Despachos, que tiverão lugar nos Regimentos Milicianos desta Cidade, e nos da Capitania assim nos já antecedentemente estabelecidos como nos que de novo se crearão em differentes Villas. Dar-se-ha a Lista delles nos Números subsequentes.

A fabrica de vidros de *Francisco Ignacio de Sequeira Nobre* erigida na Giquitaia continúa a trabalhar com actividade, e bom conceito; sendo muito para notar que naquella circumvisinhança apparecêrão a maior parte dos difficeis materiaes para a construcção dos fornos, e dos simplices que entrão na composição do vidro.

A mesma actividade, e conceito conserva a Cordoaria de *Antonio Vieira da Costa*, assentada no caminho do Bom fim. O genio vivaz deste emprehendedor, e o methodo pratico da prudente distribuição do trabalho que faz observar na sua fabrica nascente, mostrando já rezultados maravilhosos, prognostica o progresso duradouro do estabelecimento de tanta importancia, em que a utilidade pública marcha a par com o interesse particular. O mais attendivel neste importante estabelecimento he o podermos, 1.º, dispensar para o futuro os maçames, e cabos da Russia, se esta Potencia persistir na adhesão ao systema que oprime a Europa, e 2.º approveitar as especies sem número de vegetaes filamentosos até agora inuteis, de que abunda este nosso Continente.

Commercio, e Navegação.

Em 10 do Corrente entrárão neste Porto os Navios seguintes:

De Lisboa com escala pela Ilha Terceira, e com huma arribada a Pernambuco, o Bergatim *Aviso*, Mestre *Antonio Rodrigues Nunes*, com 15 dias de viagem de Pernambuco; a carga consta de 43 pipas de vinho, e louça Ingleza, e o Correspondente he *Manoel da S.ª Cunha*.

Das Alagoas a Sumaca *Pastora*, Mestre *João dos Santos Cardoso*, com 4 dias de viagem, 47 caixas d'açucar. He propria de *João da Silva Lisboa*.

Do Rio Grande de S. Pedro do Sul o Bergantim *Lebre*, Mestre *João da Silva Leal*, com 23 dias de viagem; 5000 arrobas de carne, 800 couros, e 350 arrobas de cebo; pertence a *Jose Nunes Ribeiro*.

Do mesmo Porto a Sumaca *Caridade*, Mestre *Domingos José da Silva*, com 15 dias de viagem; 4000 arrobas de carne, e 200 couros; pertence a *José da Silva Ribeiro*.

De Monte Video o Bergantim *Fenix*, Mestre *Bento José Pinto da Motta*, com 30 dias de viagem; 23000 couros, e 6 fardos de lá. A carga desta embarcação vem por baldeação. Por ella se receberão noticias do proseguimento da revolução; e diz-se que matcharão Tropas de Monte Video contra os de Buenos Aires, e Maldonado; e que alli ficou detida huma Fragata com 500$ pezos da Coroa, e 600$ de particulares vinda de Lima.

AVISO.

O Redactor implora a todas as Pessoas, especialmente aos Senhores Commerciantes, cujas relações com outras Praças assim Nacionaes como Estrangeiras, são mais amplas, a bondade de lhe communicar todos os artigos que nas suas Cartas acharem dignos de merecer a attenção do Público, ou sejão tendentes ao melhoramento das Artes, e Sciencias, ou uteis ao Commercio, e que possão servir de symptomas do estado actual dos Negocios politicos de todo o Mundo. Os desejos do Redactor, de que a nossa folha *Idade d'Ouro do Brazil* mereça conceito, e approvação geral, e os vivos esforços para que o seu contexto corresponda ao brilhante titulo, serão baldados, se o mesmo Público não coadjuvar huns, e outros subministrando alguns elementos para a instrucção geral.

Com permissão do Governo.

BAHIA:
NA TYPOG. DE MANOEL ANTONIO DA SILVA SERVA
ANNO DE 1811.

A Bahia do Brasil Colônia

Cerca de trezentos anos depois do anúncio de sua descoberta pela expedição do navegador português Pedro Álvares Cabral, o Brasil era uma colônia complexa. Tinha status de parte integrante da metrópole, compondo o Reino Unido de Portugal, Brasil e Algarves (mais ou menos como ocorre hoje na Grã-Bretanha, onde o herdeiro do trono é formalmente príncipe de Gales, uma das nações que compõem o Reino Unido). Parece pouco, mas havia um sentido estratégico nessa fórmula, que era diferente, por exemplo, da relação que Lisboa mantinha com as colônias da África e da Índia.

Ainda assim, tratava-se evidentemente de uma formalidade ideológica, buscando projetar um status que não existia na realidade e assim neutralizar um possível sentimento autonomista de brasileiros, que, cada vez mais, deixavam de ser portugueses de ultramar para compor uma população à parte, com acento linguístico e traços étnicos próprios, além de interesses econômicos antagônicos aos da Coroa. Com o título de "Reino Unido", Portugal procurava também afastar o fantasma da independência, que já fervia nas colônias espanholas vizinhas e nas holandesas, francesas e britânicas bem ao norte.

Em 1800, os Estados Unidos já eram uma nação independente havia 24 anos; o pequeno Haiti se separara da França fazia oito anos e também já tinha abolido a escravidão.

Em 1809, quando Manoel Antonio da Silva Serva, como tesoureiro da Devoção do Senhor do Bonfim, incentivou a venda e a popularização das "medidas", hoje conhecidas como "fitinhas do Bonfim", para aumentar as receitas da irmandade, a Argentina estava às vésperas de deflagrar seu processo de independência, num movimento iniciado em 1810 e completado em 1816.

O Brasil para onde o príncipe regente d. João VI trouxe em 1808 sua mãe, d. Maria I (ela sofria de graves distúrbios mentais que a impediam de governar e por isso era chamada "A Louca"), e toda a corte, fugindo da invasão de Portugal pelo Exército napoleônico, era um conjunto de colônias administrativamente separadas entre si e com diferentes níveis de insatisfação com o estatuto colonial, mas com todas as condições dadas para viver sem a tutela portuguesa. O Brasil poderia ter se tornado independente naquele ano, na esteira da lacuna de poder colonial provocada pelo domínio francês sobre a metrópole, se não por outros motivos, pelo enfraquecimento da capacidade desta para controlar as colônias ultramarinas. Mas também influiria provavelmente o discurso ideológico francês, herdeiro da revolução na França, país que havia ajudado no processo de independência dos Estados Unidos.

Ao trazer a corte para o Brasil e declarar o Rio de Janeiro a capital do reino, ainda que de forma precária d. João adiou a independência, mas também aumentou os "sentimentos

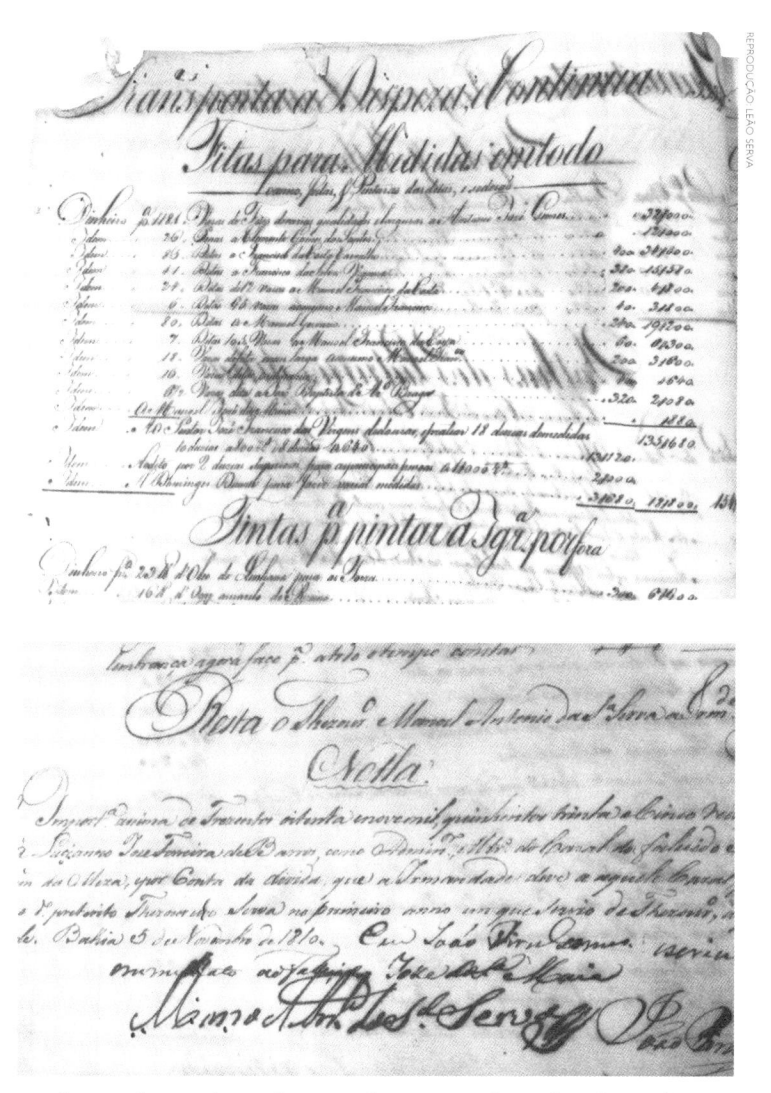

No alto, ata das receitas e despesas da Devoção do Senhor do Bonfim em 1809, onde se lê no título "Fitas para medidas"; acima, assinatura de Manoel Antonio da Silva Serva, tesoureiro. Ele incentivou a comercialização das medidas, precursoras das fitinhas do Bonfim.

patrióticos" dos brasileiros e criou maior coesão entre as diversas unidades administrativas, o que pode ter contribuído para garantir que, após a independência e posteriormente a república, o conjunto de todas as áreas sob domínio português na América tenha se mantido como um império tropical unido.

A terra onde os navios fugidos de Portugal aportaram trazendo a rainha louca e seu filho regente era um território de contrastes ainda maiores do que os que vemos hoje. Vivia da exportação de produtos primários, agrícolas ou minerais, cujo processamento era todo feito no exterior. A colônia não podia produzir manufaturas. A elite branca tinha aversão ao trabalho manual, já que quase todo ele era feito por escravos. No Brasil, os brancos terceirizaram as duras consequências da punição divina ao pecado de Adão e Eva: "Comerás o pão com o suor do rosto". Na colônia localizada "do lado de baixo do Equador", os portugueses e seus descendentes nascidos no Brasil comiam o pão com o suor do rosto e do corpo de seus escravos, negros africanos trazidos à força, em condições terríveis, e de seus descendentes.

A população total do Brasil na virada do século XVIII para o XIX, quando Manoel Antonio da Silva Serva se estabeleceu em Salvador, era de aproximadamente 3 milhões de habitantes, sendo 1 milhão de escravos negros, como conta Laurentino Gomes no livro 1808.[1] Os estimados 800 mil índios viviam predominantemente longe dos centros, e ainda é controversa entre os demógrafos qual pode ter sido a população total de indígenas antes da chegada dos portugueses ao Brasil e durante o período colonial.

Os ciclos econômicos ainda coexistiam: açúcar, ouro, madeira, algodão, especiarias, pedras preciosas eram grandes negócios com peculiaridades regionais. Havia centros secundários produzindo para o abastecimento das regiões mais dinâmicas: a carne-seca do Rio Grande do Sul alimentava de proteínas vastas áreas do resto do país e principalmente o trabalho das Minas Gerais; o fumo da Bahia seria a moeda de troca para compra de escravos, como também a aguardente de diversas outras regiões do território.

A cidade de São Salvador na Baía de Todos os Santos (que recebeu seu nome do navegante Américo Vespúcio, que ali chegou em um 1º de novembro, dia de Todos os Santos) tinha sido por pouco mais de duzentos anos a capital administrativa do Brasil, posto que perdeu para o Rio de Janeiro em 1763. Mas nem por isso deixou de ser a principal cidade da Colônia, com uma das maiores populações (só perderia essa marca em 1800 para o próprio Rio) e lugar de concentração da elite intelectual do país.

No fim do século XVIII e começo do século XIX havia um grande temor sobre o que os negros, maioria da população em Salvador, poderiam fazer com os brancos se aqui realizassem uma rebelião como a que tinha ocorrido no Haiti. Lá, nos anos 1790, a maioria negra havia exterminado os brancos e tomado o poder.

A predominância dos negros e seu enraizamento na vida baiana talvez tenham pesado na decisão de d. João VI de seguir viagem para o Rio e ali instalar a corte em 1808, preterindo mais uma vez a esperançosa sociedade baiana. Para a Corte, uma vantagem da escolha da capital mais ao sul foi sua topografia bem mais amena do que a baiana, dividida entre Cidade Alta e Cidade Baixa, separadas por uma íngreme escarpa. No Rio, os morros mais afastados do mar proporcionavam amplos espaços planos à beira-mar, propícios para a construção da cidade, enquanto na Bahia, logo ao sair do porto, uma espécie de chapada forçou a expansão da cidade "para cima", criando a divisão e forçando os moradores a grandes subidas (ou melhor, forçando os escravos dos moradores ao grande esforço de carregar os patrões nos ombros ladeira acima).

A cidade de Salvador que Manoel Antonio da Silva Serva encontrou, provavelmente em 1788, cerca de vinte anos antes de o príncipe regente e sua corte ali chegarem, era semelhante a Lisboa, no estilo arquitetônico de suas construções, mas extremamente pobre. Era uma grande cidade do Império ultramarino, cheia de oportunidades, onde tudo que se plantava dava, mas onde tudo que se comprava vinha de fora. Isso não era casual. O sistema econômico colonial, chamado "mercantilismo", era baseado no comércio, o Estado tirava suas riquezas dos impostos sobre exportações e importações. Por isso o sistema escolheu a mão de obra africana em vez da nativa, por exemplo. A importação de mão de obra escrava da África pagava impostos. A exportação de fumo e cachaça, usados como parte do pagamento, pagava impostos. O mesmo não acontecia com o tráfico de escravos indígenas, como o que faziam os bandeirantes paulistas, sempre tão avessos ao poder da Coroa, a ponto de mover ao menos uma guerra prolongada, chamada "dos Emboabas", no início do século XVIII, pelo controle das minas; como os paulistas liderados por Borba Gato foram derrotados no conflito, Portugal criou a capitania, ou província, de Minas Gerais.

Essa necessidade de cobrar impostos sobre o comércio impôs a mão de obra africana em lugar da suposta saúde frágil dos autóctones, como dizia a ideologia colonial. Também a necessidade de cobrar impostos sobre o comércio explica a imposição de que o Brasil fosse uma terra geradora de produtos primários. Sua exportação pagava impostos. Todo o seu consumo que não fosse de alimentos básicos vinha da Europa. Pagava impostos. E esses impostos pagavam as contas do Estado "mercantilista", pré-Revolução Industrial.

Ao fim do século XVIII, o mundo europeu vivia um período conturbado. Treze colônias americanas da Inglaterra tinham movido uma prolongada guerra de independência sob o comando de George Washington e, vitoriosas, proclamaram independência em 1776 sob um regime republicano, federado, constitucional e laico, que marcou profundamente a história do planeta como a mais profunda revolução até então, alterando praticamente todos os aspectos do *status quo* não apenas das colônias inglesas na América, mas também da vida europeia ao estabelecer: o fim do estatuto colonial; a república em lugar das monarquias que vigiam em todos os Estados europeus; a separação entre Igreja e Estado e a liberdade religiosa; a descentralização do poder; a democracia, enfim, como nunca antes na história mundial.

A revolução americana apontou para um futuro possível a todos os povos, o que abalava os Estados da Europa. Um por um, nas décadas seguintes, todos os países europeus e todas as colônias da América viveram processos decorrentes do que havia ocorrido nos Estados Unidos. A Revolução Francesa, em parte como decorrência e em parte como movimento com lógica própria, varreu a Europa nas guerras napoleônicas. As guerras de independência, muitas delas com apoio americano, varreriam o novo continente nos cinquenta anos seguintes.

A viagem de d. João VI e sua corte ao Brasil foi aparentemente um detalhe nesses dois processos complementares: a fuga da família real e de toda a corte se deu a fim de não submeter a elite e o governo ao invasor francês, que mirava Portugal depois de conquistar a Espanha. Mas, como mostram livros mais recentes, foi consciente ou inconscientemente um movimento de imenso impacto histórico. Pela primeira vez uma potência colonial se instalava no novo continente e a Coroa portuguesa passou a governar do Rio de Janeiro. Uma engrenagem importante do sistema colonial alterava seu funcionamento, deslocava o centro de gravidade do Império português para a Colônia. O movimento dava uma resposta antecipada aos sentimentos autonomistas brasileiros, ao mesmo tempo que criava uma entidade até então inexistente, "o Brasil", uma unidade formada a partir do que até então era um conjunto de colônias díspares, cada uma com ligação direta com Lisboa, sem um centro de controle de fato na Colônia, com muito pouco em comum, mais ou menos como as colônias espanholas (que por isso mesmo se tornaram nações separadas entre si) e inglesas (que também formaram uma união coesa, mas como uma federação de Estados independentes como forma de garantir os benefícios da coesão em meio à multiplicidade).

Manoel Antonio da Silva Serva chegou ao Brasil cerca de vinte anos antes de d. João adentrar a Baía de Todos os Santos. Todos os sinais são de que seu pioneirismo também se manifestou em uma tentativa de avançar mais em outros aspectos do que apenas no empresarial, tendo defendido explicitamente a imprensa como necessidade de trazer mais "luzes" à Colônia. Português que em 1819 morreu em solo ainda português, muito provavelmente projetava um caminho de reformas do estatuto absolutista. Era um liberal, e não um entusiasta da independência, como se verá.

Uma tipografia em família

Por muitos anos, praticamente tudo que se soube sobre Silva Serva se deveu a três importantes estudiosos: Renato Berbert de Castro (1924-99), Cybelle de Ipanema, que trabalhou com o marido, Marcello de Ipanema (1924-93), e segue ativa em estudos de história da imprensa, e Maria Beatriz Nizza da Silva.

Os conhecimentos sobre a pioneira tipografia baiana e seu fundador avançaram muito a partir de 1969, quando o bibliófilo e historiador baiano Berbert de Castro lançou *A primeira imprensa da Bahia e suas publicações*, que marcava os 150 anos da morte de Manoel Antonio da Silva Serva. Para narrar aspectos da biografia do editor português radicado em Salvador, o livro reuniu documentos de época, assim como cartas trocadas entre o empreendedor e os governantes de seu tempo. As cartas tratavam de assuntos pertinentes à tipografia, desde o primeiro pedido de autorização, sua aprovação pelo palácio real instalado no Rio, as determinações sobre a censura e os pedidos de empréstimos oficiais para auxiliar no pesado investimento.

Com detalhada pesquisa em arquivos de documentos do período colonial, em bibliotecas particulares e públicas e nas páginas que haviam sobrevivido do próprio jornal (onde o editor publicava anúncios de seus lançamentos), Berbert de Castro reconstituiu grande parte da vida e da obra de Manoel Antonio da Silva Serva. Assim, além de informações sobre o empreendedor e sua empresa, o historiador baiano levantou o que até hoje é o catálogo mais completo dos livros produzidos pela tipografia de Silva Serva até a sua morte, em 1819, ocorrida durante uma viagem ao Rio para vender livros e assinaturas de seu jornal.

Poucos anos depois, muitas lacunas deixadas pelo ilustre pesquisador baiano foram preenchidas pelo casal Cybelle e Marcello de Ipanema, no livro A tipografia na Bahia (primeira edição em 1977), com pesquisas em fontes semelhantes: nos arquivos de documentos oficiais da corte, no Arquivo Nacional, no Rio de Janeiro, e no seu correspondente baiano, mas também em referências indiretas, como em documentos relativos ao amigo de Silva Serva e seu parceiro comercial Manuel Joaquim da Silva Porto, radicado no Rio, também ele tema de pesquisa publicada em livro em 2007 pelo casal de pesquisadores (*Silva Porto: livreiro na corte de d. João, editor na Independência*).

Já a historiadora portuguesa Maria Beatriz Nizza da Silva debruçou-se sobre o jornal produzido por Silva Serva. Seu livro A *primeira gazeta da Bahia – Idade d'Ouro do Brazil* (publicado originalmente em 1978) é uma espécie de biografia do periódico. Nizza da Silva, que vive entre Lisboa e São Paulo, ampliou o universo conhecido de exemplares da *Idade d'Ouro* e ao analisar o jornal trouxe à luz um belo retrato da complexa vida da Bahia naquele tempo. Além de localizar a publicação no contexto da vida de seu editor, o livro retrata a sociedade baiana daquele período por meio das notícias sobre a cidade, as melhorias em ruas e passeios, o deslizamento de morros que provocaram quedas de casas, a vida dos escravos, o comércio com o exterior etc.

Essas três obras publicadas antes de 1980 contêm mais ou menos tudo que se sabia até recentemente sobre Manoel Antonio da Silva Serva e suas realizações.

No entanto, muita coisa fundamental ainda está por ser descoberta. Como diz o título de um artigo de outro historiador de imprensa baiano, Luis Guilherme Pontes Tavares: "Está faltando a biografia de Silva Serva".[1] Diz o texto:

> Silva Serva imprimia livros, periódicos e demais papéis para a administração pública e para o comércio. Suas viagens ao Rio de Janeiro tinham o propósito de comercializar seus produtos, inclusive a assinatura da *Idade d'Ouro do Brazil*, e vender serviços gráficos. Entre 1811 e 1819, viajou uma vez para a Europa, de onde retornou com novos equipamentos e pessoal qualificado para a sua indústria. Nesse intervalo de tempo, tentou substituir importações pela fabricação, em Salvador, de prelos e tipos móveis, fato constatado pelos pesquisadores Cybelle e Marcello de Ipanema, que também localizaram no Arquivo Nacional a descrição física de Silva Serva feita por funcionário da Intendência do Rio de Janeiro em novembro de 1818: "alto, gordo, rosto redondo, trigueiro e bastante barba". A tipografia de Silva Serva foi a primeira escola de artes gráficas da Bahia. Audaz e destemido, ele solicitou autorização de empréstimo à corte com o propósito de instalar em Salvador uma fábrica de papel. Pretendia aproveitar a folha de bananeira

para fazer a pasta apropriada. Não há informações, como outras tantas que faltam, sobre esse empreendimento. Não vamos esperar mais cem anos para lamentar que ainda não exista uma biografia de Manoel Antonio da Silva Serva, o primeiro empresário da indústria gráfico-editorial privada do Brasil.[2]

Mas, então, o que se sabe sobre a vida de Silva Serva?

O que há de mais sólido até hoje sobre sua biografia foi realizado pelos estudiosos Berbert de Castro, em livro de 1969, e pelo casal Cybelle e Marcello de Ipanema em 1977, em livro que teve reedição revista e ampliada em 2010, quando a autora acrescentou dados às duas obras anteriores. Ao apresentar a biografia de Silva Serva, ao final do livro *A tipografia na Bahia*, Cybelle de Ipanema diz: "A documentação recolhida permite ampliá-la, contudo, aportam-se pequenos elementos para compor a grande vida, por seus feitos, que foi a desse luso-baiano".

Seguindo o caminho traçado pela mais recente edição da obra do casal Ipanema, sabe-se que Manoel Antonio da Silva Serva era um "autêntico e genuíno representante da vitoriosa classe, a dos homens empreendedores, que, entre nós, ganhou vigor com as perspectivas abertas em 1808". Sabe-se ainda que nasceu em 1760 ou 1761 (a imprecisão se deve ao fato de que os documentos públicos da época não mencionavam a data de nascimento das pessoas, mas sua idade declarada, o que cria sempre certa dificuldade em estabelecer essa data).

Sobre o local de nascimento, certamente ocorreu na região norte de Portugal, mas nos dois únicos documentos conhecidos são citadas diferentes cidades de origem. Em um passaporte emitido em Lisboa durante uma viagem a Portugal, em 1815, Serva aparece como natural de Vila Real (na região de Trás-os-Montes) e com idade de 54 anos. Esse documento foi localizado por Berbert de Castro.

Outro documento existente é o registro, então obrigatório, de todos os viajantes que visitavam a corte, no Rio de Janeiro. Foi feito por motivo da viagem que Silva Serva realizou em 1818 e localizado por Cybelle de Ipanema na coleção Registro de Estrangeiros do Arquivo Nacional, no Rio. Esse documento, muito rico em dados, contém, além da cidade natal e da idade, também uma espécie de descrição dos traços físicos, à guisa de retrato. Com relação aos documentos anteriores, os dados são coincidentes quanto à idade (feito três anos depois, Serva aparece três anos mais velho). Mas este cita outro lugar de nascimento, a cidade do Porto, também ao norte do país.

Diante da aparente contradição, Cybelle de Ipanema compõe um quadro que harmoniza os dados:

> Usual, na época, o apor-se a localidade de nascimento a seguir ao próprio nome. Era o nosso estudado, natural, sim, do Distrito de Vila Real, capital da província de Trás-os-Montes e Alto Douro e, certamente, da Freguesia de Cerva, do Conselho de Ribeira de Pena, um dos quatorze daquele distrito. A exemplo de seu amigo Manuel Joaquim da Silva Porto, aí nascido, o homem da tipografia da Bahia era Manoel Antonio da Silva, natural de Cerva.[3]

A vila de Cerva tinha no século XVIII o seu nome grafado com "s", o que acrescenta um ponto a mais a favor da hipótese de Cybelle de Ipanema, hoje geralmente aceita. Até a própria localidade portuguesa assume essa versão: seu site oficial na internet (viladecerva.blogs.sapo.pt) divulga ser o berço do pioneiro da imprensa brasileira.[4] E, por fim, conclui a pesquisadora, "o distrito de Vila Real integra a relação (ou região) do Porto, de cuja sede dista 125 km. Daí talvez, o fato, no Registro de Estrangeiros, de se declarar Manoel Antonio da Silva Serva natural daquela cidade".[5]

A data de sua mudança para o Brasil é tema de divergência entre o casal Ipanema e Berbert de Castro. No estudo de 1969, este último estimou a data da chegada de Silva Serva à Bahia em 1797. Usou como fonte uma autorização de viagem emitida pelo gabinete do príncipe regente de Portugal em 1797. Segue a transcrição, literal, feita por Berbert de Castro:

> Provizam
>
> Dom João Principe do Brazil faço saber aos que esta Provizam virem que Manoel Antonio da Silva Cerva Capitam das Ordenanças da Comenda de Ancemil da minha Sagrada Religião de Sam Joam do Hospital de Jeruzalem me representou que em razão de negocios que tinha na Cidade da Bahia precizava com a sua Familia passar aquella dita Cidade ajustar com seus correspondentes para ultimar as quaes e voltar com a dita Familia para esta Corte me pedia lhe concedesse Licença para o dito efeito visto não puder sahir do seu distrito sem faculdade minha ao que atendendo Hey por bem concederlhe a licença pedida e Esta se cumprirá por todas as Justissas e pessoas a que o conhecimento desta pertencer nao obstante ser passada pella chancellaria da minha Caza e Estado

do Infantado e será registrada nos Livros da mesma Comenda [...] Lisboa, vinte e seis de Abril de mil sette centos noventa e sette.[6]

Com base nesse documento, encontrado no Arquivo Público da Bahia, entre as Ordens Régias do período colonial, o historiador cravou em 1797 a data da chegada de Silva Serva ao Brasil.

Marcello e Cybelle de Ipanema se fiaram em outro documento para fixar entre nove e oito anos antes a data da viagem inicial do empresário português a Salvador. Trata-se de uma carta formal do tipógrafo a Marcos de Noronha e Brito, o conde dos Arcos, governador da Bahia, em 1811, em que faz vários pedidos de natureza econômica, começando por solicitar celeridade da Justiça na análise de causas suas que ali tramitavam contra devedores "de quantias assás avultadas", ao mesmo tempo que reclama ter sido cobrado de forma injusta para que aumentassem os aluguéis que pagava pelas casas que ocupava no condomínio denominado Morgado de Santa Bárbara, "onde mora há 22 anos". Assumindo como verdadeira a informação, que afinal é feita em documento oficial com caráter de apelação, Cybelle de Ipanema se permite "estabelecer sua chegada à Bahia em 1789 ou no ano anterior", o que "recua sua vinda para antes do que julgava Berbert de Castro".

Numa visita ao Arquivo Público da Bahia em novembro de 2012, tive a sorte de deparar com um documento esclarecedor sobre essa questão. Segui uma trilha indicada pelo pesquisador Pablo Iglesias Magalhães, que me acompanhou e apresentou o Arquivo. Iglesias se recordava de ter visto algum tempo antes, durante pesquisa sobre outro assunto, a referência a uma escritura pública em nome de Silva Serva em 1792. Naquela oportunidade, o documento não interessava para o fim da pesquisa que fazia, mas ele guardou na memória a existência do registro. Quando o entrevistei em Salvador a respeito de suas recentes pesquisas sobre Silva Serva, em novembro de 2012, ele sugeriu que eu localizasse esse documento e o lesse, pois eventualmente poderia conter dados novos sobre, por exemplo, o local de nascimento do empresário. Iglesias fez mais: levou-me ao Arquivo e me apresentou o sistema de indexação e consulta a documentos, muitos já digitalizados. Em outras palavras, me deu "régua e compasso", o caminho inteiro até o documento. Devemos a ele a sua revelação, portanto.

O Arquivo Público do Estado da Bahia é localizado em um prédio histórico de arquitetura colonial construído pela Ordem de Jesus no século XVI. O prédio ficava distante do centro da cidade, em uma pequena fazenda (ou quinta), onde padres jesuítas descansavam, se recuperavam de doenças ou passavam seus anos de velhice. A mansão, que deu ao bairro o nome que tem hoje, Baixa de Quintas, abrigou por anos o padre Antônio Vieira (1608-97). Com a expulsão dos jesuítas do Brasil pelo rei d. João I, em 1759, o prédio se tornou propriedade da Coroa. E hoje serve de sede para o Arquivo Público e seus documentos históricos. A construção, de arquitetura colonial, não parece ser a mais apropriada para guardar tantos documentos em papel, pois como edifício antigo tem problemas no telhado e na fiação elétrica, e até obras de reparo são ameaças ao acervo. A *Folha de S.Paulo* noticiou em 27 de dezembro de 2012 que a instituição trabalha há três anos sem energia elétrica por receio de que um curto-circuito possa causar um incêndio no local. Mesmo assim, trabalhar ali parece um pouco como voltar no tempo de cada um daqueles documentos centenários.

Ao localizar a referência à escritura indicada, logo vi que ela, independentemente mesmo de seu conteúdo, comprovava que Serva estava na Bahia e fazia negócios antes de 1797, como naquele ano de 1792, indicado pela boa memória de Iglesias Magalhães. E mais próximo da data sugerida por Cybelle de Ipanema, 1788-9, do que da referência consagrada por Berbert de Castro a partir da autorização oficial para viajar dada a Silva Serva em Lisboa.

O documento é uma Escritura de Débito, uma espécie de contrato público de empréstimo, lavrado pelo tabelião Bernardino de Sena Araújo, tendo como "interessado" (credor) Basílio de Oliveira Vale e como parte ("devedor") Manoel Antonio da Silva Serva. Foi firmado em Salvador, em 1792, e recebeu a assinatura das duas partes diante do tabelião. O documento está registrado no banco de dados do sistema computadorizado de consulta do Arquivo Público da Bahia, mas não está transcrito. O original, em papel, está muito puído, aguardando recuperação na área de restauração de documentos, único departamento do prédio que conta com energia elétrica e climatização. Em razão de seu interesse para esta pesquisa, a diretora do Arquivo, doutora Maria Teresa Matos, me permitiu ver o que resta do documento. Trouxe-me a escritura como uma joia entre papéis novos, usados para sua proteção como um envelope. O papel extremamente amarronzado tem a tinta já oxidada, com uma coloração de ferrugem, o que dá a ela halos de tom avermelhado. Depois de me mostrar o documento e constatar sua importância histórica, a diretora do arquivo o encaminhou à área de digitalização.

A seguir, a transcrição literal do texto, feita pelo historiador Pablo Iglesias Magalhães especialmente para este livro (com alguns trechos ilegíveis anotados com interrogação entre colchetes):

> Escriptura de obrigaçam que fez Manoel Antonio da Silva Serva ao Capitam Bazilio de Oliveira Vale da quantia de 3:593$350 RS na forma que abaixo se declara.
>
> Saibam quantos este publico Instrumento de Escriptura de debito e obrigaçam em direito melhor nome e lugar haja virem que sendo no ano do Nascimento de Noso Senhor Jesus Cristo de mil e setecentos noventa e dous anno nesta cidade do Salvador digo annos aos quinze dias do mes de Dezembro do dito anno nesta cidade do Salvador e Bahia de todos os Santos em pouzadas do Tabellião Bernardino de Sena e Araujo ahi apareceram presentes partes a esta Outorgantes [?] havidos e contratados a saber de [?] Credor o Capitam Bazilio de Oliveira Valle, e da outra como devedor, e pessoa que se obriga Manoel Antonio da Silva Serva abitantes nesta cidade e pesoas que as testemunhas ao diante nomeadas, e asinadas reconheceram pelas próprias de que faço mençam. E logo pello dito devedor Manoel Antonio da Silva Serva foi dito a mim Tabelliam em presença das mesmas testemunhas que esse era devedor ao dito seo credor o Capitam Bazilio de Oliveira Valle

Escritura pública de confissão de dívida assinada por Manoel Antonio da Silva Serva em 1792. Documento comprova que ele estava na Bahia antes de 1797 (data estabelecida pelo historiador Berbert de Castro para sua chegada ao Brasil).

da quantia de tres contos, quinhentos noventa e trez mil, trezentos e cincoenta reis a saber hum conto, cento noventa mil, duzentos, e oitenta reis proveniente de huma carregaçam de fazendas que elle digo que lhe comprou muito a seo contento, tanto em preço, como em bondade a huma anno a esta parte tendo sido a esta carregaçam de Felipe de Oliveira Lobato que a consignaçam do dito seio credor para esta cidade, e dous contos, quatrocentos, tres mil, e setenta reis proveniente de outra carregação que tambem elle devedor comprou ao mesmo seo credor muito a seo contento que he do Padre Lourenço Borges Monteiro, e veio a consinaçam do mesmo seo credor para a vender nesta Cidade que huma, e outra parcella faz a sobredita de tres contos quinhentos noventa e tres mil, trezentos, e cincoenta reis, e porque nam tinha dinheiro prompto para satysfazer ao dito seo credor a este se queria obrigar por Escriptura publica como com effeito dice elle dito devedor Manoel Antonio da Silva Serva que por este publico Instromento, e na melhor forma de direito se constituía, como logo se constituio direito devedor, e obrigado ao dito seu credor o Capitam Bazilio de Oliveira do Valle da sobredita quantia de tres contos quinhentos noventa e tres, mil trezentos, e cincoenta reis proveniente das ditas duas carregaçoens que se obriga a satysfazer todas as vezes que lhe for pedida sem duvida, nem contradiçam alguma, para cuja segurança, e satisfaçam obrigava sua pesoa e bens moveiz, e demais havidos, e por haver o melhor, e mais bens parados delles, e se obriga a responder pello cumprimento desta sua obrigaçam perante as Justiças desta cidade onde ajuizado, e de mandado for para o que desejarem [?] o juizo do seo foro, e todos os mais previlegios que tenha, e alegar posa porque de nada quer usar, nem

gozar contra o comprimento desta sua obrigaçam por assim se haver ficar contratado com o dito seo credor o capitam Bazilio de Oliveira do Valle pello qual foi tambem dito que elle aceitava, como logo aceitou esta Escriptura de debito Obrigaçam, a elle com todas as clauzulas, condiçoens, e obrigaçoens della: e finalmente por lhe parecer cada hum no que [?] foi mais dito que por suas partes e bens se obrigavão a ter, manter, cumprir, e guardar esta Escriptura na forma que nella se contem, e declarão sem que a [?] revogar, reclamar, nem contradizer em tempo algum por ser muito de suas livres vontades farão em Fe [?] de verdade assim o [?] lhes fizesse este Instrumento nesta [?] asignaram, pediram, e aceitaram e eu escrivam como pesoa publica
E eu Antonio Joze da Rocha [?] Tabelliam Serventuario nos impedimentos do sobredito o escrevy.

Assinam: Manoel An.to S.a Serva   Bazilio da Oliv.a Valle
Guilherme Luis da S.a   Lucio Per.a da Fon.ca

Até minha visita, possivelmente não havia conhecimento do texto dessa escritura, ao menos entre os estudiosos da história da imprensa baiana. O próprio Berbert de Castro se tivesse tido notícia desse registro teria refeito seu juízo sobre a data da chegada de Silva Serva à Bahia. O documento permite antecipar em pelo menos cinco anos a sua presença no Estado em relação ao ano de 1797 estabelecido por Berbert de Castro. Para contrair dívida de maior monta, pode-se supor que fosse necessário já ser pessoa conhecida e com credibilidade comercial, portanto a existência dessa escritura permite endossar os cálculos de Cybelle de Ipanema no estabelecimento da data em que Silva Serva chegou ao Brasil. Certamente isso ocorreu antes de 1797 e, como se vê pelo texto, antes de 1792. Além disso, o documento se refere a ele como "abitante" [sic] de Salvador.

Para se ter uma ideia do valor em questão, em 1816 Serva obteria do governo português um empréstimo que pleiteou por aproximadamente quatro anos, em diversas tentativas e formatos, em um intenso trâmite, ao final do qual obteve quatro contos de réis, a serem pagos em dez parcelas anuais de 400 mil réis, com cinco anos de carência, o que faz o empréstimo ter a duração de quinze anos. A partir do recebimento desse valor, dinamizou sua empresa e "por conta do empréstimo, o número de títulos publicados voltou a crescer".[7] O montante emprestado em 1792 é só cerca de 10% menor: 3,5 contos de réis.

Como se vê no texto, Silva Serva já exercia o seu comércio de coisas domésticas e provavelmente para esse negócio comprou em consignação dois carregamentos de "fazendas". Hoje, a palavra tem uso mais restrito do que no passado, o que poderia fazer crer se tratar de tecidos. Mas pode se referir a todo tipo de produto, pois, como assinala o *Dicionário Houaiss*, a palavra também significa "conjunto de bens, haveres" ou "conjunto de gêneros ou produtos destinados à venda; mercadoria".

Manoel da Silva Serva já estava em 1792 atuante em negócios de compra e venda de bens possivelmente domésticos (os tais "trastes"), com crédito para comprar fiado o correspondente ao volume de "fazendas" de dois navios. Com base nisso, minha tendência é pensar que o documento de autorização de viagem de 1797 seria relativo ao retorno para Salvador, talvez após ter levado a família recém-constituída ou formada algum tempo antes em viagem à corte, em Lisboa. É essa a hipótese da historiadora Cybelle de Ipanema. Diz ela em seu livro: "A Provisão de 26 de abril de 1797, em que permite dom João a passagem de Silva Serva, com a família, para a Bahia, exigirá, necessariamente, pensar que não pudesse ter vindo antes, outras vezes, só, sem essa autorização?".[8] Ou, acrescente-se outra hipótese, mesmo autorizado a fazer viagens anteriormente, pode ter ocorrido que documentos de autorização não tivessem tido como destino um dos arquivos históricos bem preservados até hoje.

Segue o texto de Cybelle de Ipanema: "Esta era uma autorização para regressar à Bahia com a família que fora, com certeza, constituir, mas Manoel Antonio da Silva Serva já frequentava Salvador desde, provavelmente, 1788 ou 1789".[9]

Reforçam essa ideia as datas de nascimento dos filhos dos Silva Serva. A primeira filha do casal, chamada Ana, morreu em 1800 com dois anos de idade. Nasceu, portanto, em 1798 ou 1797. Em um tempo sem pílula anticoncepcional, é provável que o casal se tenha formado mesmo em 1797, em Lisboa, vindo então morar na Bahia, onde logo teve a primeira filha.

Como não existisse fotografia ou forma suficientemente rápida de produzir um retrato dos viajantes, a polícia do Rio de Janeiro, então capital do Império português, produzia uma descrição física da pessoa, além dos dados mais usuais como naturalidade, procedência, destino e profissão. Eis como foi descrito o fundador da imprensa baiana ao voltar a Salvador, em 21 de novembro de 1818, depois de fazer negócios no Rio: "Alto, gordo, rosto redondo, trigueiro e bastante barba", como narra Cybelle de Ipanema.[10] O termo "trigueiro" (que Ary Barroso usou para definir o Brasil em sua "Aquarela do Brasil") era usado para designar "moreno". O documento também descreve o filho, então com quatorze anos, que ficaria órfão um ano depois: "Estatura pequena, rosto comprido, cabelos castanhos e sobrancelhas delgadas".

Em resumo, Cybelle de Ipanema elenca o que se sabe sobre o fundador da imprensa baiana: "(1) Manoel Antonio da Silva Serva nasceu em 1761 ou 1760; (2) Chegou à Bahia em 1788 ou 1789; (3) A esse tempo tinha entre 27 e 29 anos; (4) Faleceu no Rio de Janeiro em 1819, estando com 57 a 59 anos de idade".[11]

Além disso, sabe-se com segurança que:

› Seu primeiro negócio no Brasil foi uma loja de coisas para a casa, ou "trastes domésticos", como anuncia em seu jornal;
› Foi uma espécie de agente do Estado ao assumir o cargo (que exercia à época da criação da tipografia) de Administrador Geral na Bahia da Real Fábrica das Cartas de Jogar (parece incrível, mas até a produção e comércio de cartas de baralho eram um monopólio da Coroa), cuidando de regular postos de venda e de vigiar a impressão e a venda de cartas "piratas", que escapassem ao monopólio;
› Criador da primeira tipografia particular estabelecida no Brasil em 1811, em Salvador; antes, havia só a imprensa régia (1808, no Rio), o que faz dele o pioneiro da imprensa privada;
› Nessa mesma gráfica, a tipografia que levava seu nome criou o jornal *Idade d'Ouro*, cuja primeira edição circulou em 14 de maio de 1811, o que o torna criador do primeiro

jornal particular editado no país.[12] Um ano depois, criou a primeira revista da história do país,[13] chamada *As Variedades ou Ensaios de Literatura*;[14]

› Foi mercador de livros, próprios ou de terceiros;
› Foi tesoureiro da Devoção do Senhor do Bonfim, cargo em que se tornou o responsável por disseminar as fitas do Bonfim (então chamadas "medidas");
› Foi benfeitor na Santa Casa de Misericórdia de Salvador.

Silva Serva morreu em 1819, três dias depois de chegar ao Rio para uma viagem de negócios. Como tudo em sua vida, não se sabe muito sobre as condições da morte, se estava doente, se foi acometido de um mal súbito. Tinha levado livros impressos em sua tipografia para vender na loja do amigo Silva Porto, cuja biografia foi objeto de estudo do casal Ipanema.[15]

Sua morte foi anunciada à Santa Casa de Misericórdia de Salvador, da qual era "irmão", em 3 de agosto de 1819, tendo assim recebido "os sufrágios" (orações em homenagem aos mortos). É a única referência ao seu passamento, acrescentada no canto superior esquerdo de seu termo de adesão à entidade sob as seguintes palavras: "Em 3 de Agto. de 1819. Por notícia que veio a esta secretaria constou ter falecido no Rio de Janeiro este irmão e se lhe mandarão fazer os seus sufrágios como consta do Livro deles a folha 129".

Pouco antes de morrer tinha constituído sociedade na tipografia com José Teixeira de Carvalho, mudando a razão social da empresa para Tipografia de Serva, e Carvalho (a ordem dos nomes e a vírgula indicavam a predominância de um sócio sobre a companhia, quer dizer que Serva vendera participação

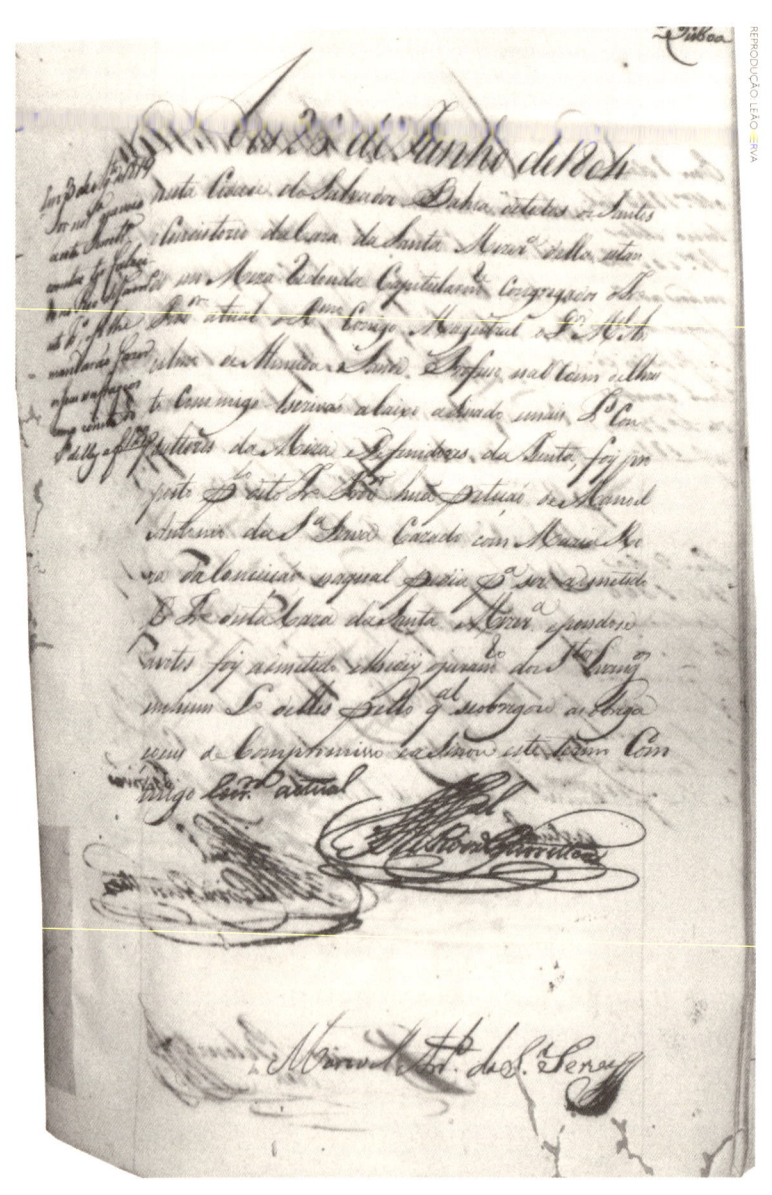

Página com a certidão de adesão de Manoel Antonio da Silva Serva como irmão da Santa Casa de Misericórdia, em 26/6/1804. Anotação de 3/8/1819 (à esquerda, no alto do documento) informa a morte do "irmão".

minoritária na firma). É provável que nenhum livro tenha sido publicado sob essa marca, pois não há nos catálogos existentes referência a obras com tal imprenta.

Ao falecer, Serva deixou dois filhos homens e duas mulheres (duas outras tinham morrido). Conta Berbert de Castro:

> Além da esposa, d. Maria Rosa da Conceição, e dos filhos Manoel Antonio e José Antônio, que mais tarde vão ser sócios de sua mãe, na tipografia da Viúva Serva, e Filhos, conhecemos apenas os seguintes filhos do introdutor da imprensa na Bahia: Delfina, nascida a 7 de fevereiro de 1800, e Ana, batizada a 24 de junho de 1810, na capela do Senhor do Bonfim, a terceira do mesmo nome, tendo a primeira morrido a 22 de agosto de 1800, com dois anos, e a segunda em 3 de novembro de 1803, com somente três meses.[16]

Sendo os filhos menores, a parte de Silva Serva na empresa foi então herdada por sua mulher, Maria Rosa da Conceição, que assina "Viúva Serva"; a sociedade passa a ser chamada de Tipografia da Viúva Serva, e Carvalho, razão social que perdurou até 1827. Nesse ano, os filhos Manoel Antonio e José Antonio da Silva Serva assumem parte da sociedade, que passa a se chamar Tipografia da Viúva Serva e Filhos, nome que perdurará até 1833. Entre 1833 e 1837, a mãe passa a responder sozinha pela empresa, sob os nomes de Tipografia da Viúva Serva e Impressão da Viúva Serva; entre 1838 e 1840, ela usa também a denominação Tipografia Imperial e Constitucional da Viúva Serva, em um período em que aparentemente compete com os filhos no mercado gráfico de Salvador, porquanto eles tivessem as próprias empresas: sob a denominação de Tipografia da Aurora, de Serva e Comp. e Tipografia de Serva e Comp., ambas de propriedade do filho mais velho, Manoel Antonio, entre 1836 e 1838; já entre o final de 1837 e o início de 1838, teria assinado publicações José Antonio, o filho caçula. A empresa do irmão mais velho teria ainda mais três identidades: de dezembro de 1838 a agosto de 1840, chamou-se Tipografia de Manoel Antonio da Silva Serva (filho), e, no período 1841-6, Tipografia Imperial e Constitucional de Manoel Antonio da Silva Serva ou Tipografia de M. A. da S. Serva.

Esta é uma tabela baseada na que foi elaborada pelo setor de Obras Raras da Biblioteca Nacional com as diversas titularidades da Tipografia de Silva Serva e seus sucessores:

NOMES DAS TIPOGRAFIAS SILVA SERVA A CADA PERÍODO*		
1	Tipografia de Manoel Antonio da Silva Serva ou Tipografia de M. A. da Silva Serva	1811-19
2	Tipografia de Serva, e Carvalho	1819
3	Tipografia da Viúva Serva, e Carvalho	1819-27
4	Tipografia da Viúva Serva e Filhos	1827-33
5	Impressão da Viúva Serva	1829
6	Tipografia da Viúva Serva	1833-37
7	Tipografia da Aurora, de Serva e Comp. ou Tipografia de Serva e Comp.	1836-38
8	Tipografia Imperial e Constitucional da Viúva Serva	1838-40

9	Tipografia de Manoel Antonio da Silva Serva (filho)	1838-40
10	Tipografia Imperial e Constitucional de Manoel Antonio da Silva Serva ou Tipografia de M. A. da S. Serva	1841-46

* Fonte: Biblioteca Nacional[17]

A tabela original publicada no catálogo da Biblioteca Nacional não inclui menção à Tipografia de Serva, e Carvalho, por ter esse nome durado pouco e aparentemente não ter gerado livros que pudessem constar do catálogo, foco do trabalho da Biblioteca. A sociedade de Manoel Antonio da Silva Serva com José Teixeira de Carvalho foi noticiada em um aviso publicado na edição de 4 de junho de 1819 da *Idade d'Ouro*, como mostra Berbert de Castro: "Manoel Antonio da Silva Serva faz sciente ao Publico, que até o presente se tem assignado com a firma de Serva, e de hoje em diante se assignará com a de Serva e Carvalho, seu sócio".[18]

Para efeito deste trabalho, reproduzi a tabela da Biblioteca Nacional, acrescentando como segundo item essa denominação da empresa, ainda que não tenha aparentemente gerado livros, ou ao menos impressos que tenham sobrevivido aos séculos.

Dois meses depois de firmar sociedade, Serva viria a morrer no Rio de Janeiro. A empresa, herdada pela mulher, que ao gosto da época passa a assinar "Viúva Serva", ganha nova denominação: Tipografia da Viúva Serva, e Carvalho.

Em 1846, terminam os registros conhecidos da atividade das tipografias de Manoel Antonio da Silva Serva, sua viúva e seus filhos. A julgar pelos indícios anotados pelo pesquisador Cadena, em O Rabecão, talvez um dos periódicos lançados nesse período seguisse ativo a ponto de provocar a ira do redator do jornal de Santo Amaro da Purificação. Ou não, e talvez a referência ao "Serva que te deixou nessa situação" dissesse respeito exatamente à interrupção da publicação de O Rabequista, com circulação iniciada em 5 de agosto de 1843, que é assim descrito pelos Annaes da Imprensa da Bahia: "Periodico critico e literário, e acidentalmente politico, de pequeno formato. Publicava-se duas vezes por semana. Typ. de Manoel Antonio da Silva Serva".[19]

Esse é o último jornal impresso por oficinas da família Serva cujo lançamento é registrado pelos Annaes. Nelson Cadena, em seu artigo sobre o polêmico O Rabecão, explica:

> Rabequista era a denominação dada ao tocador de rabeca, um instrumento que se assemelhava ao violino e que na época era bastante comum, em reuniões sociais onde se gozava de boa música. Foi o primeiro jornal baiano a ter sua denominação uma conotação musical, num momento em que proliferavam os nomes de animais (O Surucucu, A Marmota, O Mosquito, O Beija-Flor, A Borboleta, A Sovelha, O Peru, O Gafanhoto…). É bem provável que Domingos Faria Machado tenha tido algum vínculo com O Rabequista. É uma hipótese que começa a ter sentido quando o jornalista lança em Santo Amaro O Rabeca, um pouco antes do Rabecão, seu desafeto. E parece evidente quando O Rabecão (11/9) faz alusão ao relacionamento do jornalista com "O Serva, o teu favorito Serva que te pôs no desgraçado estado em que estás hoje". Rabeca, já dissemos, era

um instrumento que se assemelhava ao violino. E Rabecão, um outro instrumento, de som mais forte, mais grave de maior presença, em linguagem figurada: um instrumento capaz de engolir o som de uma Rabeca.[20]

Em resumo, O *Rabecão* podia dedicar-se a polemizar com O *Rabequista*, com O *Rabeca*, com Serva ou um outro jornalista que tivesse sido ligado a ele. Mas todas as possibilidades são hipóteses, pois não há dados explícitos para sustentá-las. Certo é que após O *Rabequista* não é conhecido lançamento de outro periódico impresso pelos sucessores de Silva Serva, de sua propriedade ou de terceiros.

E mesmo os livros escassearam nos anos seguintes. Depois de O *Rabequista*, Manoel Antonio da Silva Serva, o filho, publicaria apenas mais nove livros, sendo um dos últimos *Almanach para o anno de 1845* (publicado em 1844, provavelmente no fim do ano), um volume sofisticado, com 447 páginas de informação enciclopédica sobre o mundo e a Bahia, mais dezesseis páginas de índice onomástico. O título completo do livro era *Almanach civil, político, e commercial da Cidade da Bahia para o anno de 1845* (que trazia uma observação após a data do ano: "O primeiro depois do bissexto").

O *Almanach* teve uma edição integral em fac-símile publicada pela Fundação Cultural do Estado da Bahia em 1998.[21] Em suas páginas, vê-se que o segundo filho homem do fundador da imprensa baiana, José Antonio da Silva Serva, que em parte de sua vida empresarial havia sido sócio da mãe e do irmão em diferentes identidades da Tipografia, é mencionado apenas como dono de um ponto comercial localizado na "rua larga de Santa Barbara", listado no item "Lojas de Capelistas e Modas". "Capelistas" é palavra antigamente usada para identificar loja de miudezas, armarinhos e bugigangas, segundo o *Dicionário Houaiss*.[22] Já o filho mais velho, Manoel Antonio da Silva Serva, também editor do *Almanach*, é mencionado exatamente nas mesmas condições de seu pai nos últimos anos de vida: tinha uma loja de livros na rua Direita de Santa Bárbara e uma "Typographia", na mesma região para onde o pai transferira a tipografia em 1816, sexto ano de sua atividade. Diz o verbete sobre a Typographia no *Almanach*: "Imprime a *Gazeta Commercial da Bahia* e a *Escola Domingueira*".[23]

A *Escola Domingueira*, informam os *Annaes da Imprensa da Bahia*, foi lançada a 13 de junho de 1841. Diz o verbete de número 158 do catálogo: "Folha recreativa, escripta exclusivamente pelo desembargador Joaquim Anselmo Alves Branco Muniz Barretto. Publicava-se aos domingos, 800 por trimestre. Typ. da Viúva Serva. Terminou em 20 de Setembro de 1846".[24]

Já sobre a *Gazeta Commercial da Bahia*, os *Annaes* trazem informações esclarecedoras. O jornal foi lançado no dia 1º de maio de 1833, era uma "folha oficial e literária" (um jornal de interesse geral, como se diria hoje). "Publicava-se a princípio às segundas, quartas e sextas-feiras e depois diariamente. Editor J. A. da Silva Serva, Typ. da Viúva Serva & Filhos; de 1841 em diante na Typ. Imperial e Constitucional de Manoel Antonio da Silva Serva."[25]

Ao final do verbete, junto ao nome do editor, os autores publicam uma nota de rodapé, de número 3, na qual se lê: "(3) Falleceu a 10 de Setembro de 1846, quando desapareceu a *Gazeta*".[26]

A morte do filho mais velho, portanto, enterrou também a atividade editorial dos sucessores de Manoel Antonio da Silva Serva, 35 anos, três meses e 28 dias depois do lançamento dos primeiros impressos pela pioneira Typographia de Manoel Antonio da Silva Serva.

As fitas do Bonfim

É de certa forma irônico que, tendo Silva Serva realizado muito pela cultura na Bahia e no Brasil, criando uma tipografia, um jornal, uma revista, participando da criação da primeira biblioteca pública do Estado, o seu legado mais duradouro e o único que sobreviveu ao tempo tenha sido um objeto singelo associado à religião popular e à superstição. A popularização das chamadas "fitinhas do Bonfim" foi fruto de seu oportunismo de empreendedor antes mesmo da tipografia, quando se dedicou à Devoção do Senhor do Bonfim, de cuja irmandade foi tesoureiro no ano de 1809, como narra o livro *Basílicas e capelinhas*, de Biaggio Talento e Helenita Hollanda,[1] que traça a história de 42 igrejas da cidade de Salvador.

Nessa posição de tesoureiro, diante da necessidade de multiplicar as receitas da associação, Silva Serva decidiu criar um negócio, produzindo e vendendo em maiores quantidades as chamadas "medidas do Senhor do Bonfim", que já então mobilizavam fiéis como um amuleto. Esses "ancestrais" das atuais fitinhas tinham o seu comprimento dado pelo tamanho do braço da imagem do Senhor do Bonfim que domina o altar da igreja (por isso chamadas "medidas"). Serva, em palavras de hoje, criou um marketing sobre a crença naqueles amuletos, aumentando assim as receitas da Irmandade do Bonfim.

As "medidas" produzidas naquele momento eram mais sofisticadas e caras do que as fitinhas de hoje. Eram feitas de tecidos finos, como seda, pintadas e bordadas e traziam o símbolo do santo. Artistas foram chamados para pintar as peças, garantindo assim mais sucesso de vendas e, portanto, mais receitas, como mostram as contas nos livros-caixa do período.

Trazida de Portugal por um devoto, que implantou a irmandade em Salvador, a imagem já provocava essa fé popular e a crendice de se usar, como uma espécie de amuleto, fios tecidos com o tamanho do braço da estátua. Como narram os autores, esse hábito então pouco disseminado é que Silva Serva procurou popularizar e espalhar, aumentando a produção de medidas adornadas que eram vendidas na igreja e, como decorrência, as receitas da irmandade.

Foi quase por acaso e há pouco tempo que o jornalista Biaggio Talento e sua mulher, Helenita Hollanda, acrescentaram à biografia de Manoel Antonio da Silva Serva essa sua obra mais popular.

Localizada no alto de uma elevação, por isso chamada "colina Sagrada", a Igreja do Bonfim é "o principal centro de devoção religiosa da capital baiana", atraindo fiéis católicos aos quais os séculos e o sincretismo acrescentaram os adeptos de cultos afro. A imagem do Senhor do Bonfim foi trazida de Setúbal, em Portugal, para a Bahia em 1745 por um navegador português, Theodósio Rodrigues de Farias, que se fixou no Estado ao se aposentar. Mas a igreja só ficou pronta em 1754, quando então a imagem foi entronizada. Depois de se aposentar, o capitão de mar e guerra Theodósio de Farias se tornaria traficante de escravos e, "como a maioria dos endinheirados da época, ele tentou a remissão dos pecados participando de vários empreendimentos religiosos", que incluíam polpudas contribuições para a construção da Igreja do Bonfim.[2]

O tempo de Silva Serva como tesoureiro da irmandade foi um importante período:

> [...] marcante para a história da igreja, principalmente pelo incremento da fabricação das medidas do Bonfim, ancestrais das atuais fitinhas do santo. Eram chamadas medidas porque faziam alusão ao tamanho do braço direito (mais ou menos 47 cm) da imagem de pinho de riga do Senhor do Bonfim, trazida de Setúbal por Theodósio Rodrigues. [...] Manoel da Silva Serva era o tesoureiro da Irmandade do Bonfim em 1809, data do mais antigo livro de despesas da confraria encontrado no arquivo da igreja, onde está um extenso rol de materiais comprados para a confecção das medidas. Naquele ano foram gastos 150 mil e 480 réis, revelando que as peças eram um importante investimento para a arrecadação de numerário pela irmandade.[3]

Biaggio Talento, que por muitos anos foi correspondente em Salvador do jornal *O Estado de S. Paulo*, me recebeu em uma sala de *A Tarde*, o principal jornal baiano, onde trabalha, para falar sobre sua descoberta da participação de Silva Serva na disseminação das medidas do Bonfim. Ele contou que "os estudiosos da Igreja não sabiam que Silva Serva era fundador da imprensa baiana. Já os estudiosos de imprensa não sabiam que ele era da Irmandade do Bonfim. Só um jornalista poderia fazer o *link*. Quando eu vi as atas, tudo se encaixou".

As "medidas do Bonfim" não foram o único tema de pesquisas de Biaggio Talento em que Manoel Antonio da Silva Serva aparece. Além das histórias das igrejas, o jornalista pesquisou em outra reportagem os casos de "compras de salvação", como ele chama as promessas feitas por pessoas no testamento, em busca da remissão de pecados. Muitos desses casos eram publicados em jornais, como forma de tornar pública a doação e mesmo o pedido feito. Em sua pesquisa, Talento encontrou um anúncio feito por Silva Serva no jornal *Idade d'Ouro*, defendendo-se da acusação de que não estaria zelando pelo testamento de um casal de amigos que, em troca de uma herança em dinheiro, queria que fossem celebradas missas diárias em seu louvor na igreja de Santa Bárbara "enquanto o mundo durar". Serva publica no jornal o testamento, para provar que as orações requeridas pelo casal deveriam se dar nas matinas (que na liturgia católica dão nome ao rito de leitura e oração que ocorre na primeira hora do amanhecer). E, por ser tão cedo, o povo não via as celebrações.

Até 2007, como Talento narra em seu livro, "pensava-se que Serva havia sido o inventor das medidas. Contudo, um 'termo de compromisso', achado pelo tesoureiro da irmandade Luiz Geraldo Urpia Albuquerque e divulgado em março de 2008, indica que as medidas já existiam no Bonfim em 1792".[4] Esse "termo de compromisso" era um documento de regras que estabeleceu obrigações dos irmãos da Devoção do Bonfim. Escrito em uma data em que até há pouco tempo se supunha que Silva Serva ainda não morasse em Salvador, esse texto já continha a expressão "medidas do Senhor".

O criador da imprensa foi portanto o disseminador das medidas, como forma de aumentar o caixa da irmandade. E o efeito desse marketing foi a popularização das pulseiras, ancestrais das fitinhas atuais. "Ele não poderia ter inventado. Vê-se, pelos documentos do ano em que atuou como tesoureiro, que ele foi responsável por popularizar as medidas, investindo uma quantidade grande de fundos para fazer mais peças e arrecadar mais dinheiro para a igreja", disse Talento na entrevista.

Em um país socialmente tão desigual, marcado por tantos séculos de altos índices de analfabetismo, ao criador da primeira imprensa particular coube o esquecimento. As fitinhas do Bonfim, porém, hoje ornam pulsos de turistas brasileiros e estrangeiros. Ironicamente, o tempo se encarregou de associar as duas obras do empreendedor português radicado na Bahia quando se criou o hábito, também muito disseminado, de usar as fitinhas do Bonfim para marcar páginas de livros.

A gráfica e
a gazeta

Manoel Antonio da Silva Serva estava instalado na Bahia como comerciante de "trastes domésticos" desde 1788, segundo o apontamento de Marcello e Cybelle de Ipanema. Quando d. João VI chegou com a corte à Bahia, tendo deixado Portugal já sob a invasão da França, decretou uma série de medidas que faziam do Brasil realmente a sede da nação e não mais uma colônia. Seus primeiros decretos, então, "abrem os portos do Brasil às nações amigas" (com toda a Europa controlada por Napoleão, "amiga" era só a Inglaterra, cujos navios haviam escoltado a frota da corte portuguesa em segurança até a América). O conjunto de novas regras franqueou a entrada de navios e alterou a tributação, facilitando a importação de produtos estrangeiros; autorizou e incentivou a criação de manufaturas, antes proibidas; liberou a existência de tipografias, até então clandestinas; entre outras deliberações que formavam um pacote de fato radical de mudanças de paradigma para a colônia repentinamente tornada sede do reino.

D. João VI chegou ao Rio de Janeiro em 7 de março de 1808, após 99 dias de viagem desde Lisboa,[1] tendo passado 35 dias em uma estada na Bahia. Logo ao chegar, instala na cidade a imprensa oficial, com máquinas que tinha trazido de Portugal. Rapidamente inicia a publicação de um primeiro jornal, a *Gazeta do Rio de Janeiro*, que estreia no dia 10 de setembro. A publicação preenche a função de diário oficial e de jornal de informação geral sobre os acontecimentos no reino e no mundo.

Pouco mais de dois anos depois, em uma correspondência que está preservada, em grande parte, no Arquivo Nacional, no Rio de Janeiro, e no Arquivo Público do Estado da Bahia, em Salvador, Manoel Antonio da Silva Serva pede ao príncipe autorização para estabelecer uma gráfica em Salvador a fim de imprimir livros e toda sorte de papéis. Pede simultaneamente autorização para publicar uma gazeta. Seu requerimento original para criar a tipografia, datado de 18 de dezembro de 1810, é remetido ao governador da Bahia, Marcos de Noronha e Brito, intitulado conde dos Arcos. Uma vez enviado ao governador, que o remete ao gabinete real no Rio seis dias depois, Silva Serva viaja até lá, ao que tudo indica, para fazer o que hoje seria chamado de *lobby* junto às autoridades competentes. Além de garantir o atendimento de seu pleito, pretendia também conseguir a autorização para publicar um jornal, questão que deveria submeter ao órgão competente, o Ministério dos Negócios Estrangeiros e da Guerra. Queria também obter vantagens decorrentes de uma honraria que havia recebido em Portugal, mencionada na permissão de viagem ao Brasil em 1797, o título de capitão de Ordenanças dos Privilegiados da Sagrada Religião de Malta. Pedia, por fim, que seus funcionários fossem isentos do serviço militar obrigatório.

Os requerimentos e suas respostas estão publicados nos estudos consagrados de Renato Berbert de Castro, *A primeira imprensa da Bahia*,[2] e de Marcello e Cybelle de Ipanema, *A tipografia na Bahia*.[3] Como destaca Berbert de Castro em seu livro, "a viagem de Silva Serva à corte foi inteiramente coroada de êxito". Todos os seus pedidos foram atendidos.

Em 5 de fevereiro de 1811, menos de dois meses depois de encaminhar os requerimentos ao governador da Bahia, o gabinete real despachava para a autoridade em Salvador a autorização para que Serva instalasse sua empresa. Diz o texto assinado pelo príncipe regente e endereçado ao governador da Bahia: "Sou servido facultar ao referido Manoel Antonio da Silva Serva a necessária permissão de estabelecer a Tipografia, que pretende erigir com a denominação de Serva". Em seguida a carta trata dos controles que deveriam ser impostos à atividade, ou seja, a censura a que deveriam ser submetidos todos os impressos:

> Hei outro sim por bem, que nenhum manuscrito se possa imprimir, ou qualquer Livro reimprimir nesta Tipografia sem licença vossa, de accordo com o Reverendo Arcebispo dessa Diocese, a qual não será concedida sem que primeiro sejão revistos e approvados por Censores, que vós nomearei, d'entre as pessoas que julgares capazes por seus conhecimentos, e probidade, e o Reverendo Arcebispo, d'entre os Ecclesiasticos de avantajado saber, e bem morigerados costumes; e quando aconteça não ser o vosso parecer conforme o do Prelado prevalecerá o dele nas matérias Theologicas, e Ecclesiasticas, e o vosso em todas as outras.[4]

O documento, transcrito por Berbert de Castro à página 24 de seu livro, contém o despacho dando conta do recebimento e determinando o cumprimento das ordens, datado de 11 de abril de 1811.

Na viagem, Serva também buscou obter autorização da Secretaria dos Negócios Estrangeiros e da Guerra para publicar um periódico noticioso em Salvador. Berbert de Castro localizou no Arquivo Público da Bahia o despacho assinado pelo titular dessa secretaria, Rodrigo de Sousa Coutinho, conde de Linhares, datado de 29 de março de 1811, que autoriza a publicação da gazeta, mas determina que o governador, conde dos Arcos, deveria "nomear para revisor da mesma uma pessoa de reconhecida capacidade, luzes e fidelidade, e de cujos princípios nada haja a recear".[5] Em outras palavras, o despacho autorizava o empresário a publicar seu jornal, mas sob a censura de alguém confiável aos olhos do príncipe.

A resposta do conde dos Arcos a essa determinação foi assumir pessoalmente a incumbência de revisar os textos, alegando que por ter chegado à Bahia fazia pouco tempo ainda não tinha pleno conhecimento da sociedade local a ponto de poder indicar alguém de tal confiança. O conde de Linhares aprovou o procedimento e, para facilitar seu trabalho, decidiu criar uma espécie de manual de redação, com as regras que o redator da gazeta deveria seguir para que tudo se desse da melhor forma:

Pa. o Redactor da Gazeta da Bahia = *Idade d'Ouro*
Regras, que deve ter em vista.
Deverá a *Idade d'Oiro* publicar, todos os Escritos Ministeriaes, e

Economicos, cujo conhecimento convier publicar, discorrendo sobre o interesse publico, que deflue das disposiçoens, e medidas, que nelles se contem.

Deverá annunciar as novidades mais exactas, de todo o Mundo, e que mais interessantes forem, a Historia do Tempo.

Deverá contar as noticias Politicas, sempre da maneira mais singela, annunciando simplesmente os Factos, sem interpor quaesquer Reflexoens, que tendão directa ou indirectam.te a dar, qualquer inflexão a opinião pública.

Sempre que a excassez de noticias, deixe na folha, hum espaço disponível, ocupar-se-ha este, publicando alguma descoberta util, particularm.te por ora, as Artes, descorrendo sobre a necessid.e de instituir, e conservar, bons e polidos costumes nas Naçoens, e explicando não só, como o Caracter Nacional ganha em consideração no Mundo, pela adhesão a seu Governo, e Religião, mas metendo a bulha, ou mostrando com graça, e pico, quãto tem perdido naquella Consideração, todas as Naçoens, que se deixão despegar do Governo, e Religião de Seus Pays.

Deverá finalm.te a *Idade d'Oiro*, fazer menção dos Despachos Civis, e Militares, particular.te dessa Capitania, e escrever os Avisos, que forem remetidos a seu Redactor, convenientes a maior facilidade, e viveza do Commercio.[6]

O despacho (em que a palavra "ouro" aparece também com a forma antiga "oiro") foi assinado em 5 de maio de 1811, apenas nove dias antes da estreia do jornal. E, como se vê, já determina a adoção de limitações à atividade jornalística que, de tempos em tempos, aparecem em todos os países e regimes.

Mesmo em países democráticos, neste início de século XXI, vemos políticos brasileiros, venezuelanos, argentinos e mesmo ingleses e norte-americanos, com diferentes palavras e razões, manifestar o desejo de que a imprensa deveria manter-se "singela, annunciando simplesmente os Factos, sem interpor quaesquer Reflexoens, que tendão directa ou indirectam.te a dar, qualquer inflexão a opinião pública...".

Silva Serva obteve também do príncipe a autorização para usufruir na Bahia das vantagens correspondentes ao posto de capitão de Ordenanças dos Privilegiados da Sagrada Religião de Malta. Esse título correspondia a uma nobiliarquia que resultava, entre outras vantagens, ser dispensado de obrigações militares a que eram submetidos civis do reino. O gabinete real emitiu a autorização a 6 de março de 1811 e o governador da Bahia a transmitiu a Serva em 30 de abril.

E, por fim, o príncipe d. João também concedeu que os funcionários da Tipografia fossem isentados de prestar serviços militares para os quais comumente eram chamados os civis, reduzindo sua capacidade de trabalho por longas jornadas.

Silva Serva obteve portanto respostas positivas a todos os seus pedidos à Coroa. E isso se deu em prazo curto para os padrões da época. Marcello e Cybelle de Ipanema, em *A tipografia na Bahia*,[7] revelam que, pouco antes de Silva Serva, outro empreendedor instalado em Salvador havia obtido autorização para instalar uma oficina gráfica na capital baiana. Tratava-se de Alexandre José Vieira de Lemos, que pediu e obteve permissão para fazer funcionar uma "imprensa para imprimir unicamente conhecimentos mercantis", maquinário trazido de

Londres. Não era, portanto, uma gráfica para produzir livros e jornal, como aquela para que Silva Serva reivindicou e conseguiu autorização real. Ainda assim, a autorização revelada pelo estudo do casal Ipanema tira de Silva Serva o pioneirismo na obtenção de autorização. É nebuloso, no entanto, o destino do empreendimento de Vieira de Lemos. Autorizado em 30 de janeiro de 1811, não encontraram os pesquisadores notícias de que tenha publicado documentos de conhecimento público. Além disso, em várias oportunidades posteriores, Silva Serva mencionava sua condição de "primeiro particular que estabeleceu uma tipografia na América Portuguesa".[8] Pergunta-se o casal de pesquisadores em seu texto:

> Deverá concluir-se ter Vieira de Lemos, logo, desistido da empresa? Coexistiram Vieira de Lemos (autorizado entre 10 de novembro de 1810 e 30 de janeiro de 1811) e Silva Serva (cuja permissão é de 5 de fevereiro de 1811) algum tempo? Qual o fim, em caso negativo, da imprensa do primeiro, importada de Londres? Alexandre José Vieira de Lemos teria sucumbido diante do concorrente mais próspero, e seu material – que outra aplicação não tinha – adquiriu-o Serva? É, aparentemente, ilógico que fosse atirado fora, como inservível, quando se lograra algo extraordinário: a licença. Primeira licença – registre-se – concedida pelo governo a particular no Brasil e fora da Corte.[9]

Fato é que o empreendimento de Vieira de Lemos não encontrou eco na história após a licença nem em documentos da época nem em estudos posteriores, tendo sido redescoberto apenas por Marcello e Cybelle de Ipanema.

Na análise do trâmite dos documentos que o casal Ipanema revelou, chamou sua atenção a velocidade maior com que foi atendido o pedido de Silva Serva. O requerimento de Vieira de Lemos deve ter sido redigido em torno de 4 de outubro de 1810 (mais de dois meses antes do de Silva Serva); a autorização do príncipe regente para que o governador da Bahia autorizasse o empreendimento foi enviada do Rio para a Bahia em 10 de novembro (mais de um mês antes de Silva Serva formular seu pedido). Mas só em 30 de janeiro de 1811 o conde dos Arcos enviou comunicado à corte dando conta de ter autorizado Vieira de Lemos a implantar sua gráfica. "Parece bem estranho que, autorizado em novembro de 1810, só quase três meses depois tivesse o conde dos Arcos comunicado ao ministro o cumprimento de sua ordem. Considere-se o tempo de viagem, do Rio para a Bahia, mas entre os dois fatos – ordem ao governador e participação de seu atendimento – medearam oitenta e um dias!"[10]

Já com Silva Serva, o processo todo levou 64 dias. Embora o estudo do casal Ipanema não faça ilação sobre privilégio algum nessa redução de prazos, havia entre os estudiosos anteriores a suposição de que o conde dos Arcos teria incentivado a iniciativa de Silva Serva, como conta Berbert de Castro, em tom de contestação: "É afirmativa generalizada entre os autores que se referiram à primeira imprensa baiana, que foi o conde dos Arcos quem, cioso de dar semelhante melhoramento à capitania que governava, sugeriu ou, pelo menos, animou Silva Serva a abrir o seu estabelecimento tipográfico".[11]

Octavio Mangabeira não foi o único a defender essa ideia, que expressa ao enaltecer a obra civilizadora do governo de

Marcos de Noronha e Brito, o conde dos Arcos, listando inúmeras iniciativas de importância seminal para o avanço da economia, da sociedade e da cultura da Bahia:

> Mas, a par de tudo isso, talvez porque pressentisse que, sem a tipografia, era incompleta, deficiente, ou incapaz a obra civilizadora a que impunha, representa ao monarca sobre o assunto, antes de se completarem dois meses de haver tomado posse o governo; envia-lhe missiva datada de 24 de dezembro, véspera de Natal, como se acaso algum outro Natal marcasse a véspera.[12]

Berbert de Castro conclui: "Nada mais longe da verdade", ao considerar que entre a posse do conde dos Arcos, em 30 de outubro, e o pedido de Silva Serva, em 18 de dezembro, não haveria tempo hábil para projetar e conseguir uma oficina gráfica "sabendo-se que somente para ir da Cidade do Salvador à capital portuguesa uma embarcação da época precisava de, aproximadamente, um mês e dezenove dias!".

Parece inverossímil que o empresário português pudesse ter aceitado um pedido do governador e posto de pé o empreendimento em tão pouco tempo. O que não quer dizer que não houvesse entre eles uma sintonia que poderia ter feito o governador apressar seu trâmite, inclusive em relação ao pleito semelhante de outro empresário.

Há que se destacar ainda as diversas referências que fez o empresário, em seus requerimentos, à compra de equipamentos na Inglaterra e em Lisboa, que da mesma forma não poderia ter sido realizada impulsivamente.

A Tipographia de Manoel Antonio da Silva Serva é inaugurada no dia 13 de maio de 1811. A data escolhida foi o aniversário do príncipe d. João, que as cidades do Império comemoravam como um feriado. Já tinham se passado quase três anos desde o lançamento do primeiro jornal, no Rio de Janeiro. Em um gesto de marketing, no dia 13 de maio, Silva Serva fez distribuir em Salvador, durante as festividades pelo aniversário do governante, um pequeno folheto que anunciava para o dia seguinte o início da circulação de seu jornal. Chamava-se "Prospecto da Gazeta da Bahia", e é considerado o primeiro impresso da empresa. Ele descreve em linhas gerais os princípios que vão reger o jornal. E só na terceira página anuncia o nome da publicação, *Idade d'Ouro do Brazil*.

O estilo do texto é marcado pelo tom bajulatório, bem sob medida para agradar ao absolutismo reinante, como era usual naquele tempo. Diz o "Prospecto":

> A predilecção, com que S. A. R. o Príncipe Regente N. S. distinguio sempre esta Cidade desde o feliz momento, em que o seu Pavilhão Real assombrou esta Bahia, tem sido o manancial de Graças sucessivas, que nos fazem augurar a concessão de outras cada vez maiores. Desde a imensidade do Oceano tínhamos attrahido a curiosidade espontânea do nosso adorável Príncipe, e foi positiva Determinação da Sua Vontade Soberana vir ver-nos, e vir felicitar-nos. [...] Talvez que por este motivo a Munificencia verdadeiramente Regia não se satisfez com o Favor distincto de visitalla, e enobrecella, Quer diariamente cumular sobre este Povo Beneficios, e Mercês. Entre todas as que temos até agora recebido nenhuma

PROSPECTO
DA
GAZETA DA BAHIA.

A Predilecção, com que S. A. R. o Principe Regente N. S. distinguio sempre esta Cidade desde o feliz momento, em que o seu Pavilhão Real assombrou esta Bahia, tem sido o manancial de Graças successivas, que nos fazem augurar a concessão de outras cada vez maiores. Desde a immensidade do Occano tinhamos attrahido a curiosidade espontanea do nosso adoravel Principe, e foi positiva Determinação de Sua Vontade Soberana vir ver-nos, e vir felicitar-nos. Desta Cidade foi, que dimanavão para todas as d'este novo Imperio os primeiros orvalhos reanimadores das Sciencias, e Artes amortecidas, e n'ella se quebrárão primeiro os vinculos, que até então aperrilhoavão o Commercio circumscripto, e monopolizado. Por este modo parece, que recobrava a nossa Cidade aquella primazia, que a sua posição, e as circunstancias do seu estabelecimento lhe grangearão por mais de dous seculos a respeito de todas as mais da America Portugueza. Foi a presença do brazil, que vio o seu Augusto Soberano, que o acolheo com ar, luzos, e que desempenhou a denominação de Cidade do Salvador. Talvez que por este motivo a Munificencia verdadeiramente Regia não se satisfez com o Favor distincto de visita-la, e ennobrecella, Quer generosamente cumular sobre este Povo Beneficios, e Merces. Entre todos, os que temos até agora recebido nenhuma certamente se avantaja a de nos facultar o uso da Typographia, e se maravilhoso meio de propagar com rapidez, e segurança as nossas ideas a lugares, e a tempos os mais retirados.

Página inicial do "Prospecto da Gazeta da Bahia", publicado em 13/5/1811, que anuncia para o dia seguinte o lançamento do jornal *Idade d'Ouro do Brazil*.

87

certamente se avantaja a de nos Facultar o uso da Typographia, esse maravilhoso meio de propagar com rapidez, e segurança as nossas ideas a lugares, e a tempos os mais remotos."

Além dos longos elogios ao príncipe regente, destaca-se a ideia de que o novo recurso tecnológico para a comunicação permite espalhar ideias em velocidade e alcance inéditos e atribui a essa suposta capacidade um valor. Trata-se de uma típica ideia positivista, discurso muito semelhante a toda a excitação causada pelos meios eletrônicos de difusão neste início de século XXI, duzentos anos depois do panfleto de Silva Serva. Quase se poderia pensar em um discurso semelhante se uma máquina do tempo trouxesse o empresário português para o Brasil contemporâneo, pregando as maravilhas do jornalismo de internet, que permite "propagar com rapidez, e segurança as nossas ideas a lugares, e a tempos os mais remotos". Vê-se por esse texto que a ideologia que afirma que os avanços tecnológicos propulsionam a inteligência coletiva é mais antiga do que se poderia pensar e, também, muito resistente. Os arautos atuais das novas mídias como motor de avanços na capacidade da humanidade são a reencarnação de gente do século XIX...

De forma discreta, mas clara, Manoel Antonio da Silva Serva propõe a disseminação da imprensa como um instrumento de iluminação, de melhoramento da cultura e difusão das ideias. Serva revela-se alinhado com as ideias do Iluminismo francês, perseguidas no Brasil da época, embora embale essas sugestões em uma bajulação a sua alteza real, o príncipe regente, "nosso senhor".

O elogio ao príncipe emenda com uma lista de realizações e conquistas do Brasil no período recente, que o texto saúda como um período áureo:

> Nós attentando para a face actual das Nações civilizadas do Universo inteiro, vendo guerras intermináveis deturpar o risonho semblante da polida Europa, não podemos deixar de sentir huma doce emoção, se conferimos o convulsivo estado d'huma politica devastadora com a tranquilidade pacifica, de que se goza neste vasto imperio do Brazil. As Sciencias diariamente se promovem, a Agricultura se dilata, as Artes se extendem, as Fabricas se erigem, o Comercio florece, e as Quinas Portuguezas sao consideradas com respeito nos mares do novo, e velho mundo. As riquezas affluem de toda a parte, as comodidades augmentão-se cada dia, a Justiça, e a Paz derão-se amigavelmente as mãos para nossa felicidade. Pode-se dizer sem receio que esta he a *Idade d'Ouro do Brazil* [...].[14]

É daí então que se tira a ideia do nome do jornal, uma gazeta que vai afirmar a "era de d. João" como uma nova idade de ouro, contrariando a "decadência" dos outros países europeus, que vivem uma fase de guerras e revoluções. Ao apelar para a ideia de idade de ouro, o redator do "Prospecto" invoca uma espécie de fundo comum das civilizações ocidentais, um mito indo-europeu que se manifesta de diferentes formas em todas as culturas oriundas desse berço comum de grande parte da humanidade. É um mito inverso ao que forma a cultura contemporânea e seus conceitos de evolução tecnológica e desenvolvimentismo ou das diversas manifestações ideológicas que afirmam que a humanidade progride constantemente para um tempo melhor com a aquisição de mais tecnologia. Para o mito arcaico representado pela associação das "idades" da evolução humana com minérios, a civilização decai a cada nova era, passando do mais nobre dos metais, o ouro, à prata, ao bronze e ao ferro – este, atual, seria o tempo da suprema decadência. O arquétipo dessa ideia está presente de forma idêntica, por exemplo, nas culturas hindu, grega e judaica, a partir das quais o modelo passa para o cristianismo. Nas mitologias antigas de todas essas culturas aparecem as quatro idades (ou yugas, para o hinduísmo). O arquétipo está associado à ideia de que um tempo anterior, imemorial, inicial na formação da civilização humana, foi marcado por uma inteligência superior, com uma humanidade mais sábia e poderosa, em perfeita sintonia com um universo superior (a vontade dos deuses ou de Deus, dependendo do tempo e do povo), e esse período é delimitado por eras posteriores marcadas pela decadência e associadas a minerais menos preciosos.

Segundo a *Grande Enciclopédia Larousse Cultural*, em seu verbete "Idade", item "Mitologia", as quatro idades representam: 1) idade de ouro, era da inocência, da felicidade, da abundância sem trabalho; 2) idade de prata, um estágio inferior em relação ao precedente; 3) idade de bronze, na qual a injustiça, a rapina e as guerras invadem o mundo; 4) idade de ferro, em que os dons da natureza se tornam escassos e o homem, cada vez mais perverso.[15]

No Antigo Testamento, primeira parte da Bíblia cristã, que corresponde ao livro sagrado do judaísmo, essa ideia é representada com clareza no sonho do rei Nabucodonosor desvendado pelo profeta Daniel. No sonho, Nabucodonosor vê "uma estátua enorme": "A cabeça da estátua era de ouro fino; de prata eram seu peito e os braços; o ventre e as coxas eram de bronze; as pernas eram de ferro; e os pés, parte de ferro e parte de argila".[16] No sonho, uma pedra rola, bate nos pés de argila e faz cair a estrutura, que se destrói. Daniel prevê então uma sequência decadente de reinos até que, correspondentes à argila, todos aqueles existentes serão destruídos, e Deus erigirá um novo reino mais poderoso, como uma espécie de redenção.

Como se vê, não era pouco o significado expresso no título que Manoel Antonio da Silva Serva escolheu para seu jornal. Ao mesmo tempo que relaciona o Brasil de sua época a uma "idade de ouro", graças à administração de d. João, ele descreve a antiga colônia agora tornada sede da Coroa como "um novo império": "Não vemos em toda a Antiguidade nem outro tempo, nem outro Príncipe, que se assemelhe ao que a Providência suscitou em nossos dias para Fundador deste Império Brasílico".[17] Há uma ideologia em ação nessa operação de lançamento do jornal e na escolha de seu título, uma elaboração falseadora que busca ao mesmo tempo transformar uma derrota militar em redenção e consagrar uma colônia como "império"; além de estabelecer o jugo como consagração. Refiro-me a ideologia no sentido definido por Norberto Bobbio como "significado forte", a partir do conceito estabelecido por Karl Marx, que entende a ideologia como "falsa consciência das relações de domínio entre as classes" e que "mantém, no próprio centro […] a noção de falsidade: a Ideologia é uma crença falsa".[18]

Assim, a visão falseadora proposta com a mudança da Coroa portuguesa para o Brasil é reverberada por Silva Serva em seu jornal, inclusive na escolha do título. Em alguns anos, uma versão ainda mais radical da ideologia proposta iria servir de base para a proclamação de Independência da Colônia pelo filho e príncipe herdeiro do rei da metrópole colonizadora.

Foram os elogios ao rei e o discurso ideológico tão ao gosto da monarquia que levaram o historiador Nelson Werneck Sodré, em *História da imprensa no Brasil*, a classificar o jornal como "periódico típico da imprensa áulica".[19]

Assim era o "Prospecto", assim foi a gazeta *Idade d'Ouro do Brazil* a partir do dia seguinte, 14 de maio de 1811, até ser extinta em 1823, depois de doze anos, às vésperas do momento em que as forças brasileiras, favoráveis à Independência, venceram a única guerra de resistência do Exército português, no dia 2 de julho de 1823, data justamente comemorada na Bahia como sendo a da verdadeira independência do país. A essa data faz referência o "Hino do Senhor do Bonfim", a cuja proteção a fé religiosa dos revoltosos atribuiu a vitória sobre as forças mais poderosas do Exército português. Composta em 1923, para comemorar os cem anos do Dois de Julho de 1823, a canção diz: "Glória a ti, neste dia de glória, glória a ti, redentor que há cem anos nossos pais conduziste à vitória, pelos mares e campos baianos". Naquele momento, mais de dez anos depois da fundação da *Idade d'Ouro*, embora vissem fechar a publicação favorável ao domínio português fundada por Silva Serva, sua viúva e os filhos já imprimiam outros jornais, em uma sequência de periódicos próprios ou de terceiros que iria durar até a morte do filho mais velho, em 1846. Abandonaram o discurso "áulico" a favor do absolutismo, adotaram o "constitucional" (a favor da Coroa portuguesa, mas sob controle parlamentar) e se tornaram favoráveis à Independência, sob o governo de d. Pedro I e posteriormente de d. Pedro II, em uma sucessão de posições sempre mais próximas, primeiro dos portugueses e, depois, do conservadorismo. Essa evolução está bem contada na história do jornal, escrita pela historiadora portuguesa Maria Beatriz Nizza da Silva, *A primeira gazeta da Bahia*, livro publicado originalmente em 1978. Ela critica, aliás, o historiador Werneck Sodré por ele ter se fixado em uma imagem única da *Idade d'Ouro*. Diz a historiadora:

> Um periódico não se mantém idêntico desde que surge até que desaparece, sob um mesmo nome, ou por vezes com nomes diferentes, como ocorreu na Bahia com o *Diário Constitucional*, que depois se chamou O *Constitucional*. E o instantâneo que o historiador tira de um ou dois anos de existência (às vezes alguns escassos meses ou mesmo dias) pode redundar numa imagem deturpada. Nelson Werneck Sodré, que rotulou a *Idade d'Ouro do Brazil* de "periódico áulico", não lhe retirou este rótulo depois do movimento constitucional na Bahia, em 10 de fevereiro de 1821, quando a gazeta baiana se tornou abertamente partidária do constitucionalismo monárquico, atacando o ministério do Rio de Janeiro por ainda não ter aderido às cortes de Lisboa.[20]

A gráfica da gazeta começou funcionando em um lugar denominado "sítio das Grades de ferro nas casas n. 16", conforme

Renato Berbert de Castro, e em 1816 mudou-se para o Morgado de Santa Bárbara (um prédio administrado em regime de condomínio no bairro do mesmo nome), onde o empresário concentrou então suas lojas e a tipografia, como diz em anúncio: "Manoel Antonio da Silva Serva faz sciente ao Publico que ele fez transferir a sua Typographia para o Morgado de Santa Barbara por cima da Loja da Gazeta; assim como na mesma se encadernão toda a qualidade de livros, tanto encadernação rica, como ordinária, por preços os mais cômodos, que for possível".[21]

Vale lembrar do documento citado por Cybelle de Ipanema para apurar a data de 1788-9 para a chegada de Serva à Bahia, em que ele menciona também morar no Morgado.

Na oficina, trabalhavam muitos funcionários, pois ela funcionava como uma espécie de pioneira escola de tipografia para treinamento de mão de obra. Diz Berbert de Castro que a tipografia baiana "começou a trabalhar com um diretor ou mestre, de nome Marcelino José, um corretor ou revisor, chamado Bento José Gonçalves Serva, seis aprendizes da composição, quatro serventes do prelo e um encadernador", totalizando treze funcionários gráficos.[22]

Além deles, havia ainda os censores e redatores. Quanto aos censores, que não trabalhavam nas redações, mas eram parte integrante fundamental do cotidiano dos periódicos, eles eram nomeados pelo poder público – no caso, diretamente pelo governador da Bahia. De início, o governador, o conde dos Arcos, havia decidido exercer pessoalmente a função até que pudesse conhecer a sociedade local e se sentisse seguro para indicar censores de confiança, um com autoridade em questões religiosas e outro com ascendência sobre todos os outros assuntos. Segundo Berbert de Castro, "o governador da Bahia somente nomearia o revisor ou censor da *Idade d'Ouro do Brazil* a 12 de janeiro de 1812, recaindo sua escolha no professor José Francisco Cardoso de Morais, que já vinha exercendo simultaneamente com o coronel Pedro Gomes Ferrão Castelbranco idêntico encargo para as demais publicações da tipografia".[23]

O ato de nomeação não deixa dúvidas de que se tratava de uma responsabilidade maior do que simplesmente vetar textos impróprios aos olhos do príncipe: o censor na *Idade d'Ouro* era um "revizor", escolhido "a fim de que se imprima com a correcção indispensável este periódico, que não admite proceder-se á exame, e Censura, observada com os outros Escritos que se dão ao Prelo".[24] À distância de dois séculos, com os dados existentes, o mais provável é supor que os censores não despachassem na redação da gazeta baiana, mas recebessem as provas para aprovação, já que, além de serem agentes públicos, acumulavam a função com outras obrigações.

Desde sua primeira edição, a *Idade d'Ouro* era publicada sempre às terças, sextas e sábados. Era composta de quatro páginas pequenas, correspondendo o jornal todo mais ou menos a uma folha de papel sulfite dobrada ou apenas quatro páginas de um livro de tamanho pequeno (17,3 cm x 12,1 cm cada página). A fôrma de uma página do jornal continha espaço para 46 linhas impressas, cada uma com cerca de 65 letras. Na primeira página, o cabeçalho (com título, epígrafe, data e local) ocupava o espaço correspondente a quinze linhas de texto. E, na última, os dados chamados de "imprenta", relativos à tipografia e a menção das autorizações legais para sua publicação, ocupavam outras onze linhas. Assim, sobrava sempre espaço para cerca de 157 linhas com 63 letras em média ou aproximadamente 9.900 caracteres. Para efeito de comparação, toda uma edição da gazeta baiana continha o mesmo volume de texto de uma página de opinião de um jornal de hoje.

Em termos de conteúdo, a *Idade d'Ouro* trazia sempre um resumo do noticiário publicado pelos jornais vindos da Europa, o que ocupava suas duas primeiras páginas. Depois, publicava algum texto sobre acontecimentos locais ou medidas de governo, que ocupavam mais uma página e, ao final, sempre havia notas sobre os navios recém-entrados no porto de Salvador.

Essa natureza peculiar de "jornal de jornais" (ou, como dizem os jornalistas de hoje, de "cozido" de outros jornais trazidos da Europa) levou o redator a terminar a primeira edição com o seguinte apelo:

> O Redactor implora a todas as Pessoas, especialmente aos Senhores Commerciantes, cujas relações com outras Praças assim Nacionaes como Estrangeiras, são mais amplas, a bondade de lhe communicar todos os artigos que nas suas Cartas acharem dignos de merecer a attenção do Público, ou sejão tendentes ao melhoramento das Artes, e Sciencias, ou uteis ao Commercio, e que possão servir de symptomas do estado actual dos Negocios politicos de todo o Mundo. Os desejos do Redactor, de que a nossa folha *Idade d'Ouro do Brazil* mereça conceito, e aprovação geral, e os vivos esforços para que o seu contexto corresponda ao brilhante

título, serão baldados, se o mesmo Público não coadjuvar huns, e outros subministrando alguns elementos para a instrucção geral.[25]

Assim é que o jornal do início do século XIX no Brasil tinha um conteúdo extremamente "focado", como se diz hoje, em três eixos de atenção. Buscava no noticiário internacional suas notícias de destaque para manchete. Muito natural para uma colônia recém-tornada sede de uma "metrópole-no-exílio", uma vez que o Brasil servia de pouso temporário à corte portuguesa. Além disso, umas tantas notas tratavam de temas comezinhos da vida em Salvador. E, em seguida, o pouco espaço do jornal era dedicado ao interesse concreto de todos os moradores livres com algum vínculo ativo com o exterior (provavelmente todos, pela condição específica do chamado mercantilismo colonial): o movimento dos barcos entrando e saindo do porto. De início, o jornal publicava as chegadas. A partir de novembro de 1812, o periódico tornou-se "ainda de maior utilidade para os leitores comerciantes anunciando a lista das embarcações que estavam para sair para diversos portos e que recebiam fretes ou passageiros. De grande relevância numa cidade comercial como Salvador eram as listas de preços de gêneros da estiva e de produtos da terra que passaram a ser publicadas em meados de 1813".[26]

Raras foram as edições em que a cidade de Salvador ou o porto se impuseram sobre o noticiário trazido pelas gazetas importadas. Como bem resume a historiadora Maria Beatriz Nizza da Silva: "Quanto às notícias locais […] só mereciam menção nas páginas da gazeta as catástrofes: um naufrágio, um incêndio, uma enxurrada. O ano de 1813 foi de grandes chuvas e os males que delas resultaram foram minuciosamente descritos, não perdendo o redator a ocasião de elogiar as autoridades e as providências por elas tomadas durante a catástrofe".[27]

Em seus doze anos de vida, a *Idade d'Ouro* parece ter tido dois redatores, talvez um terceiro. O jornal nasceu sob o comando editorial de Gonçalo Vicente Portela, um professor aposentado de latim, como afirmam Berbert de Castro e Nizza da Silva. Seu nome é citado na função pelo *Almanaque para a Cidade da Bahia*, de 1812, uma publicação da própria Tipografia Serva. Alguns anos depois, em 1816, um relatório do cônsul inglês sobre a vida na cidade informava que o redator do periódico era um padre, que a historiadora portuguesa diz ser provavelmente Inácio José de Macedo, presbítero secular e professor de filosofia. Não há referências quanto à data em que um substituiu o outro. "Outra hipótese que me parece provável é que não tenha havido mais mudanças de gazeteiro e estes dois tenham sido os responsáveis pela publicação durante os doze anos de sua existência",[28] escreve a autora de *A primeira gazeta da Bahia – Idade d'Ouro do Brazil*. Ambos os pesquisadores concordam também em apontar apenas um redator a cada período já que, por ser o conteúdo da gazeta composto apenas de notas sobre notícias publicadas em outros periódicos do mundo, um só redator dava conta de todo o processo de produção de seus textos. Nas palavras de Berbert de Castro: "A matéria propriamente redacional da gazeta era diminuta, pois ela era constituída principalmente de transcrições de periódicos estrangeiros, naturalmente com grandes atrasos, e de informações de caráter comercial. Para que então haver dois redatores?".²⁹

A aposta de Nizza da Silva se revela correta. Depois da independência da Bahia, em 2 de julho de 1823, Inácio José de Macedo deixou o Brasil e voltou para Portugal, onde a partir de 1826 passou a editar um jornal chamado *O Velho Liberal do Douro*, que tinha exatamente a mesma epígrafe que a *Idade d'Ouro*, tirada dos mesmos versos de Sá de Miranda ("Falai em tudo verdades,/ A quem em tudo as deveis."). Não é só essa a coincidência entre os dois jornais. Macedo mantinha uma seção chamada "Variedades", como o nome da primeira revista brasileira, publicada pela tipografia de Silva Serva. No número 34 do jornal, editado em 1833, o escritor narra ter sido o redator da *Idade d'Ouro do Brazil*. Referindo-se ao período que marcou a separação da Colônia, ele diz: "Eu escrevia então a *Idade d'Ouro do Brazil* com a mesma epígrafe de que agora uso desvanecendo os receios dos Brasileiros; e como desde menino fui criado entre elles, julgava que eles me terião por seu amigo e patrício".³⁰

O terceiro nome que alguns autores citam como redator da *Idade d'Ouro* é o de Diogo Soares da Silva e Bivar, apontado sem maior polêmica como o autor responsável pela revista *As Variedades ou Ensaios de Literatura*. Teve essa outra publicação pioneira da Tipografia Serva uma existência efêmera: apenas três números, e desde o primeiro já saiu meio manca. Silva Serva usou o mesmo recurso de propaganda que usara com o jornal um ano antes: anunciou o lançamento da revista com alguns dias de antecedência no panfleto "Prospecto de

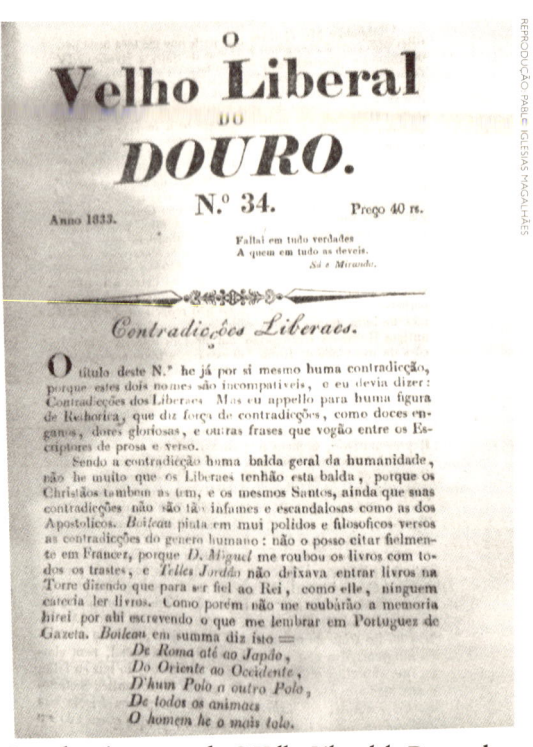

Capa do número 34 de *O Velho Liberal do Douro*, de 1833, editado pelo padre Inácio José de Macedo.

uma obra periódica que vai publicar-se, denominada: *As Variedades ou Ensaios de Literatura*", encartado na *Idade d'Ouro* do dia 20 de dezembro de 1811. A revista, porém, saiu apenas em fevereiro de 1812, levando na capa a data de janeiro, o que parecia denunciar o atraso no fechamento da edição. Em março, não circulou, nem no mês seguinte e tampouco em maio ou junho. Foi somente em 28 de julho de 1812 que uma outra nota na *Idade d'Ouro* informou do lançamento de "*As Variedades ou Ensaios de Literatura* 2º e 3º folheto pertencentes aos mezes de Fevereiro e Março". Como a circulação deve ter sido bem menor do que o esperado, dois anos depois, a tipografia encadernou os três números em um só volume, com novas capas, reunindo a primeira publicação como "parte 1" e as duas outras como "parte 2", sendo que na capa geral consta como data de publicação o ano de 1814. Edição fac-similar patrocinada pelo governo da Bahia em 2012 reproduziu o primeiro número da revista.

As dificuldades para publicar a revista devem ter sido as mesmas da edição da gazeta, multiplicadas pelo tamanho dos textos e da edição completa. Cada número circulou com mais de trinta páginas, escritas por um só redator, com textos que a rigor eram pequenos ensaios literários ou resenhas, bem mais sofisticados do que as notas da *Idade d'Ouro* sobre o que havia sido publicado em jornais estrangeiros.

O primeiro desses textos, que abre a primeira edição da revista, é sempre citado como prova de que Diogo Soares da Silva e Bivar era o seu redator. Bivar era maçom, o que fazia dele um dissidente político; havia colaborado com as autoridades francesas durante a invasão de Portugal, o que significava ser um traidor da pátria; terminado o domínio francês, foi preso, julgado e condenado ao degredo perpétuo numa localidade de Moçambique chamada Rios de Sena, onde deveria viver até a morte. No meio do caminho, foi autorizado a descer do navio que o levava ao exílio forçado e a permanecer preso em Salvador. E ali gozou de várias regalias que mitigavam sua condição de presidiário, embora vivesse dentro do Forte de São Pedro, de onde não podia sair nem mesmo para passear.

O tal primeiro artigo se intitulava "Sobre a felicidade doméstica". Não soa muito filosófico, e não é mesmo. É um texto de reflexão pretensiosa sobre a relação conjugal, mas sua publicação mostra coincidência com a biografia de Bivar, que se preparava para casar, com autorização especial do governo (um dos refrescos à sua condição de degredado político). No final do texto, ele escreve:

> Que digo eu? Do fundo mesmo do cárcere, ou da sepultura, o homem de bem exerce seu poder sobre os outros homens. A injustiça e a calumnia que o arrasta à masmorra não alterão seu socego: ter-se-ha por livre na prisão, por isso que a sua consciência o não acusa, e na opinião dos seus amigos, e dos homens bemfazejos, e sãos o consolará no meio dos maiores tormentos; e ele se dirá a si mesmo – Nem todos me ultrajarão, alguns haverá que me fação justiça, e que se compadeção da desgraça.[31]

Berbert de Castro destaca ainda outro trecho em que Bivar deixa clara sua "impressão digital" como autor dos textos de *As Variedades*. No segundo número da revista, uma nota introdutória ao "Quadro Demonstrativo ou Chronologia da Philosophia Antiga" pede desculpas por possíveis imprecisões no trabalho, por falta de material de referência para realizar a tarefa, devido "á mingoa de socorros literários, que he mister haver á mão em semelhantes tarefas e que aliás nós não podemos alcançar pelas difíceis e espinhosas circunstancias em que nos achamos".[32]

É curioso imaginar que um preso pudesse redigir uma revista literária. Isso talvez só se explique mesmo pela generosa liberdade que gozava a maçonaria na Bahia daquele tempo. Mas, quanto ao fato de um só redator editar toda a revista, era a necessidade que se impunha a todas as publicações daquele tempo esse modelo enxuto de funcionamento, pois as receitas da empresa mal davam para pagar os custos com tal "equipe editorial" (ou melhor seria dizer "redação individual"?).

Hoje as pessoas naturalmente pensam um jornal como uma pequena fábrica de notícias, uma complexa organização de profissionais liberais (jornalistas, designers e artistas visuais) proletarizados, distribuídos em uma linha de montagem industrial para produzir ideias e notícias e compô-las em páginas que juntas vão formar edições com elevado número de folhas. Os primeiros periódicos, entretanto, eram extremamente pequenos, com foco editorial segmentado, fosse seu tema uma causa política, fosse a defesa de um segmento social ou o noticiário sobre uma localidade. Eram feitos por poucas pessoas, cada exemplar tinha preço elevado, pois, nos primeiros dois séculos de existência dos jornais (XVIII e XIX), a circulação sustentava os empreendimentos. Era a soma do que pagavam os leitores que cobria quase todos os custos de produção e, quando se tratava de uma empresa como a de Silva Serva, devia também garantir lucro.

Quando as circulações começaram a crescer muito, principalmente no período de guerras na Europa e na América do Norte, na metade do século XIX, os anúncios passaram a atingir um público mais numeroso e a ter repercussão, criando um círculo virtuoso de receitas para as organizações noticiosas. Os custos fixos (como os gastos com maquinário, funcionários etc.) passaram a pesar menos no custo geral da empresa com o surgimento de edições de grande tiragem. Os jornais passaram então a receber também dinheiro dos anunciantes. As empresas, dependendo menos da receita de venda dos exemplares, podiam reduzir seu preço, atraindo mais leitores, que garantiam ainda mais retorno aos anúncios.

Esses jornais lucrativos, arquétipos da "comunicação de massa", são típicos da segunda metade do século XIX em diante, na Europa e nos Estados Unidos, não antes disso. Na Bahia de 1811, o jornal era quase um "meio confidencial". É provável que uma pessoa querendo espalhar uma fofoca tivesse mais sucesso cochichando sua história na missa matinal de domingo na Igreja do Bonfim do que se publicasse uma narrativa na *Idade d'Ouro do Brazil*. A empresa de Silva Serva não parecia em nada com os filmes em que vemos máquinas rotativas cuspindo centenas de jornais por minuto. As impressoras antigas imprimiam folha por folha, cada uma delas tinha de ser posta a secar antes de receber a impressão em seu verso, numa operação demorada que gerava, a cada edição, umas poucas dezenas de exemplares. O ciclo econômico da empresa flertava constantemente com o prejuízo, o que exasperava o seu proprietário, a ponto de publicar comunicados sobre a circulação do jornal que não raro confundiam o tom informativo com o apelo emocional, e às vezes beiravam a mais clara chantagem emocional.

Diz uma nota publicada em 19 de junho de 1812, reproduzida por Berbert de Castro:

> Nós temos a gloria de sermos aplaudidos na Inglaterra pela nossa Bibliotheca publica, e dois periódicos de Londres provão com este

monumento a delicadeza do nosso posto, e o aumento das nossas luzes. Mas, que dirão aquelles Redactores quando souberem, que a Gazeta da Bahia tem apenas cento e tantos Subscriptores? Poder-se-ha dizer a isto que a folha não he boa (o que não disputamos); porem a Cidade que tem uma má Gazeta está hábil a ter uma melhor, porque hum Redactor não he eterno; e a Cidade que não tem nenhuma, não espera esta vantagem.[33]

Outro texto, publicado cinco anos mais tarde, revela que a circulação não havia crescido suficientemente. Depois de pedir em nome do dono do jornal que os assinantes inadimplentes pagassem suas dívidas, o que, não ocorrendo, ameaçava inviabilizar a publicação do jornal, o texto roga também que "aquelles Senhores que ainda não são assignantes, se prestarão a se-lo, para não se verificar aquella suspensão, o que sucederá se o número das assignaturas andar abaixo de 200".[34] Como o apelo não surtiu efeito, em 1º de janeiro de 1819, Serva anunciou o fim da publicação no prazo de seis meses a contar daquele dia. Mas ao final do mesmo mês, no dia 29, recuou, dizendo que o número de assinantes crescera no início do ano, assim garantindo a publicação até o final de 1819. Ele mesmo, porém, não veria o fim desse prazo: morreu no Rio, aonde fora buscar receitas de impressão, venda de livros e assinaturas da gazeta, em agosto daquele ano.

Garimpeira de livros

Várias das boas-novas surgidas nos últimos anos sobre a tipografia de Silva Serva foram fruto do trabalho realizado por Ana Virginia Pinheiro, bibliotecária-chefe do setor de Obras Raras, onde se concentram as maiores joias do acervo da Biblioteca Nacional, no Rio de Janeiro.

Ana Virginia, que costuma se apresentar apenas como bibliotecária, comanda um departamento que detém uma das mais ricas coleções de livros do planeta. Se todos os seus volumes fossem colocados lado a lado, ocupariam uma hipotética estante de 2.100 metros, com exemplares raros de toda a história do livro impresso. A obra mais antiga em seu acervo é a Bíblia de Mogúncia, impressa em 1462, apenas nove anos depois da criação da imprensa por Gutenberg. Dessa Bíblia, existem no mundo sessenta exemplares, dois deles no Brasil. Da primeira obra composta pelo criador das máquinas de imprimir livros, a chamada Bíblia de Gutenberg, restam 150 exemplares no planeta, mas nenhum deles está no Brasil.

Em 2011, quando a primeira tipografia baiana completou duzentos anos, Ana Virginia Pinheiro apresentou um catálogo com 92 obras da Tipografia de Manoel Antonio da Silva Serva e suas sucessoras incluídas no acervo da maior biblioteca do país. O trabalho cobre um período de tempo entre 1811 e 1843 e se chama *A Typographia Silva Serva na Biblioteca Nacional: catálogo de livros raros*.[1]

Várias obras incluídas não constavam até então dos catálogos do acervo da Biblioteca Nacional. Estavam arquivadas na instituição, mas sem identificação correta. Sua descoberta foi a coroação de uma pesquisa quase arqueológica em busca dos impressos de Silva Serva "perdidos" entre as estantes da Biblioteca Nacional. Como foi possível, se todos os livros que entram na biblioteca são "tombados" (catalogados)?

Ao longo de sua história, a maior biblioteca pública brasileira acumulou vários problemas de indexação (pouco comuns na instituição, mas que por causa do tamanho de seu acervo acabaram se tornando significativos). Ana Virginia cita algumas causas desses problemas históricos: "Quando a atual sede da biblioteca foi inaugurada (no centro do Rio de Janeiro), em 1910, foram contratados às pressas funcionários para fazerem fichas catalogando os volumes. Mas eles ganhavam por ficha preenchida. Assim, tendiam a produzir mais fichas do que os livros existentes, criando um número falso para o acervo".

Outra causa de problemas de identificação de livros foram os períodos autoritários, que perseguiam autores e livros: bibliotecários zelosos algumas vezes faziam capas falsas para livros proibidos; outras vezes enviavam para a seção de livros raros obras de autores contemporâneos censuradas. Em pouco mais de cem anos da biblioteca em sua sede atual, no Rio, o país viveu pelo menos 36 anos sob regimes de exceção (quinze com Getúlio Vargas, de 1930 a 1945, dos quais os oito últimos sob a ditadura do Estado Novo; e 21 anos de ditadura militar entre 1964 e 1985).

O que afetou a catalogação das obras de Silva Serva (chamadas "servinas" pelos bibliófilos) foram problemas de outra natureza. Achar impressos desconhecidos da tipografia baiana em um acervo já encadernado e colocado nas estantes era improvável. Além de boa dose de sorte, foi necessária uma indicação, um norte. Ana Virginia Pinheiro compara seu caso ao "fio de Ariadne", referindo-se à história grega da mulher que deu ao herói Teseu um novelo de linha para que ele pudesse se orientar e sair do labirinto de Creta. O "fio de Ariadne" de Ana Virginia foi uma lista, "incipiente e essencial", cedida pelo historiador baiano Luis Guilherme Pontes Tavares, dos livros produzidos pelas sucessivas tipografias de Silva Serva, viúva e seus filhos.

O mais importante catálogo publicado até então, de Berbert de Castro, cobre o período da criação da tipografia, em 1811, até a morte de seu criador, em 1819. Nesse livro clássico dos estudos da bibliografia no Brasil, *A primeira imprensa da Bahia e suas publicações* (1969), Berbert de Castro anuncia que um segundo volume viria a ser lançado cobrindo o período posterior a 1819, das tipografias mantidas pela viúva Serva e por seus filhos até os anos 1840. Mas ele morreu quando o trabalho, já pronto ou muito avançado, não havia ainda sido publicado. Hoje é tema de prolongada negociação entre acadêmicos interessados e a família do autor, detentora dos direitos mas resistente à publicação da obra inacabada.

Foi essa lista de Berbert de Castro e indicações de outras fontes que o historiador Luis Guilherme Tavares compilou e apresentou a Ana Virginia Pinheiro.

Berbert de Castro buscava informações sobre os livros de Serva nas coleções de jornais, a começar pela *Idade d'Ouro* e pela *Gazeta do Rio de Janeiro*, em catálogos de bibliotecas e levantamentos de bibliófilos. O editor costumava publicar notas em seu jornal dando conta de cada novo lançamento. Publicava anúncios também na *Gazeta do Rio*. Ao encontrar o anúncio de um novo lançamento, Berbert de Castro buscava provas da existência material do livro: presença em catálogos de bibliotecas ou colecionadores ou referências à obra em livros de terceiros.

Com a lista produzida por Pontes Tavares, Ana Virginia passou a buscar indícios nas estantes da Biblioteca Nacional: buscava em encadernações que reuniam várias obras juntas, normalmente identificadas apenas pela primeira das obras; os pesquisadores buscaram aquelas encadernações únicas de vários livros produzidos na época de um livro de Silva Serva para ver se entre os não identificados estava um da tipografia baiana; ou encadernações de livros produzidos na Bahia... E assim, num garimpo feito de tentativa e erro, foram encontrando livros de Silva Serva até então não explicitamente catalogados.

Isso permitiu encontrar, por exemplo, pequenos folhetos que, por terem poucas páginas, eram encadernados "de carona" com livros maiores. Alguns folhetos foram achados escondidos nos tais volumes coletivos.

"Até os anos 1960, havia uma prática de encadernar juntos vários livros pequenos ou folhetos, para compor um volume um pouco maior, a fim de que as publicações muito diminutas não se perdessem em uma estante", contou Ana Virginia numa entrevista em seu escritório em novembro de 2012. "Mas esse volume acabava frequentemente sendo identificado apenas pelo primeiro texto, o maior ou mais importante por algum critério, ou mesmo por um título genérico. Muitos impressos eram esquecidos."

Essas questões decorrentes da confecção das capas dos livros antigos vêm do fato de que, ainda à época de Silva Serva e por muitas décadas depois, as tipografias não produziam para os livros capas como as entendemos hoje, com papel ou outro material mais duro que protegesse o miolo e suas páginas mais finas e moles. No início do século XIX, os compradores faziam capas para seus livros a seu critério ou contratavam por um gordo sobrepreço do próprio editor ou de uma livraria. As capas eram caras, produtos elaborados com couro fino, com o nome do livro impresso em ouro no dorso. O trabalho sofisticado de encapar o livro era feito por encomenda do dono do livro, atendendo ao seu gosto. E não eram trabalhos baratos. Livros em si eram objetos caros, listados como bens duráveis nos inventários dos mortos, com seus valores somados para cálculo da herança. Quando saíam da gráfica, vinham sem a capa dura, apenas com um frontispício, normalmente composto no mesmo papel do miolo, como conta Ana Virginia Pinheiro, ao explicar por que a biblioteca juntava livros diferentes em uma mesma encadernação ou podia até mesmo errar (de propósito ou não) ao imprimir o nome de um livro em seu dorso.

Os anúncios de livros publicados por Silva Serva na *Idade d'Ouro* e em outras publicações destacam a diferença de preço das encadernações. Os livros sem capa, eram chamados de "brochura" (ou às vezes de "broxura"). O preço variava bastante se o livro era encadernado ou não. É o que descreve Berbert de Castro no verbete de número 24 de seu catálogo, dedicado ao livro *Elementos de osteologia prática*, de José Soares de Castro, editado pela Tipografia Silva Serva em 1812:

> A *Idade d'Ouro do Brazil* de 6/3/1812 registrou o aparecimento dos *Elementos de osteologia*, dizendo que se encontravam à venda por 1660 réis, engano de preço que seria retificado no número seguinte do mesmo jornal: "Em o n. 19 se anunciou o Livro *Elementos de Osteologia Pratica* pelo preço de 1660 réis, e agora se avisa que sendo encadernado se vende pelo preço de 1280 réis, e em brochura por 960 réis".[2]

A diferença entre a brochura e o volume encadernado corresponde a um aumento de 33% no preço do livro.

A titulação errada no dorso da encadernação foi o que manteve incógnito por quase dois séculos o exemplar da Biblioteca Nacional do livro *Tratado de operações de banco*, de Antonio Thomaz de Negreiros (1786-1859), livro de 1817 que estava encadernado e catalogado com o título, escrito na lombada, *Tratado de tabaco*, que não guarda nenhuma relação com o conteúdo do volume.

Isso indica que outras publicações ainda podem surgir, entre conjuntos mal catalogados e também em encadernações identificadas erroneamente. Essa é a razão por que a chefe do setor de Obras Raras define seu catálogo como "obra em desenvolvimento", que sempre poderá ganhar novos títulos, fruto dessa garimpagem ou mesmo por doações ou aquisições. Ana Virginia Pinheiro afirma no texto de apresentação de sua pesquisa:

> Se o acervo da Biblioteca Nacional é como uma seara arqueológica, onde se tem a certeza de tesouros por desvelar, a recuperação de títulos da Tipografia Serva pode surpreender, ininterruptamente! A validade dessa ponderação coloca o catálogo ora apresentado como uma obra em desenvolvimento, que só encontrará termo no momento em que o processo for freado e quando a edição eletrônica (primeiro passo para a disseminação dessa memória) for coroada com o registro em suporte papel.[3]

O estudo dos livros tombados na Biblioteca Nacional pelo setor de Obras Raras para a confecção do catálogo Silva Serva incluiu a análise do conteúdo das obras. E obteve resultados no mínimo curiosos, também ampliando o que parecia ser o padrão das publicações de Serva: "Ficamos surpresos ao constatar que um dos livros publicados por Silva Serva se encaixa perfeitamente no que hoje chamamos de livro de autoajuda", conta Ana Virginia Pinheiro, referindo-se a *O segredo de triumphar das mulheres e de torna-las constantes, seguido dos signaes que anunciam a inclinação ao amor e dos pensamentos de Montaigne de Labruyere, e de Larochefoucault, sobre as mulheres, o casamento, e a sociedade* [sic], de Luiz Saint-Ange. O título foi publicado em 1837 pela Tipografia da Aurora de Serva e Comp., que era então de propriedade do filho mais velho e homônimo de Manoel Antonio da Silva Serva.

O livro, diz ela, procura auxiliar os homens sobre como lidar com as mulheres. "Mostra a visão que a sociedade tinha das mulheres no século XIX; você vê que é um conselho aos homens para lidar com as mulheres tais como elas eram vistas naquele tempo cheio de preconceitos."

Outra coisa interessante na atividade de uma bibliotecária é a análise do que Ana Virginia chama de "materialidade" do livro, observando suas características, como o tipo de papel, os formatos, as famílias das letras etc. Num tempo em que papel era um insumo caríssimo, era improvável que uma pequena tipografia baiana pudesse trabalhar com uma grande variedade de papéis. O mesmo vale para as letras em metal, que compunham as matrizes que, impregnadas de tinta, iriam imprimir as páginas dos livros. Uma pequena tipografia de província dificilmente teria uma variedade de fontes e tenderia a trabalhar sempre com um pequeno menu de tipos de letras.

Para a análise desse aspecto dos livros de Silva Serva, Ana Virginia Pinheiro contou com o trabalho de um especialista, o professor Alexandre Salomón, que produziu uma nota sobre o aspecto tipográfico de cada volume incluído no catálogo, descrevendo as (poucas) famílias de letras utilizadas na Tipografia Silva Serva.

Salomón chama a atenção em sua análise para certas características tipográficas. No texto de apresentação do catálogo, a bibliotecária destaca que as informações reveladoras de Salomón "remetem a edições sem critérios estéticos evidentes, onde tudo é previsível e necessário; o mais simples elemento, como uma ou duas palavras em letras cursivas, cria destaque no texto, como se fosse uma imagem. O texto é compacto, de leitura difícil, pela impressão em desalinho ou defeituosa, papéis de qualidade inferior, tintas que borram, manchas de texto com falhas, omissões, sobreposições, que levam a crer que as publicações foram projetadas para uma vida efêmera".[4]

Essas simplificações, improvisos ou simples descuidos incluem ocorrências como "uso de S ou J, deitados, no lugar de um til; e do número 5, de cabeça para baixo e invertido, fazendo de cedilha para a letra C de grande porte; o sinal de igualdade (=) no lugar de aspas…".

A regularidade desses usos, indicativos da simplicidade do conjunto de tipos de letras comprados pelo empresário ao criar sua tipografia, termina por servir como uma espécie de impressão digital de seus livros, como ressalta a análise do especialista. E, assim, foi possível incluir como produção da tipografia um volume que não trazia identificação do editor em suas páginas; ou, da mesma forma, excluir um volume (por conter letras que a tipografia não usava) da relação de obras.

Foi o que aconteceu com duas obras encontradas no catálogo de Silva Serva:

> Foi a nota de tipografia que corroborou a inclusão do CATALOGO *dos livros que se achão na Bibliotheca Publica*, obra sem imprenta, mas consagrada como produto da Tipografia Silva Serva; e determinou a exclusão da *Analize ao decreto do 1. de desembro de 1822, sobre a creação da nova Ordem do Cruzeiro*, de Cipriano Barata, que além

de não oferecer qualquer referência à Tipografia Serva, apresenta letras de corpo muito pequeno e acentuação que não eram usuais na Tipografia Serva.[5]

Considerando que Manoel Antonio da Silva Serva editava livros de religiosidade popular que eram proibidos na época e possivelmente outros livros que não podia "assinar" com sua marca, o estudo iniciado por Alexandre Salomón para o catálogo do setor de Obras Raras da Biblioteca Nacional, por inspiração de Ana Virginia Pinheiro, abre uma possibilidade grande de identificação de outros volumes da época, mesmo que sem imprenta.

A análise da materialidade do livro revela também aspectos que os estudiosos, até o momento, não podem explicar, mas para os quais chamam a atenção. Como um aparente erro de composição que, de tão gritante, parece ser uma espécie de "protesto" do tipógrafo, um "grito" ou uma denúncia.

Ele aparece em um panfleto publicado em 1831, quando o país vivia ainda sob a grave conturbação política que coincidiu com a abdicação de d. Pedro I ao trono do Brasil para intervir na guerra civil portuguesa contra seu irmão mais novo (quando acabou por assumir a Coroa de Portugal sob a denominação Pedro IV) e sob um estado de permanente tensão entre brasileiros e portugueses. O Brasil, com um imperador menor de idade, d. Pedro II, vivia sob um período chamado de Regência, em que o poder real era exercido em uma espécie de parlamentarismo. Foi nesse clima político nacional, que muitos talvez definissem como estando o país "de cabeça pra baixo", que um

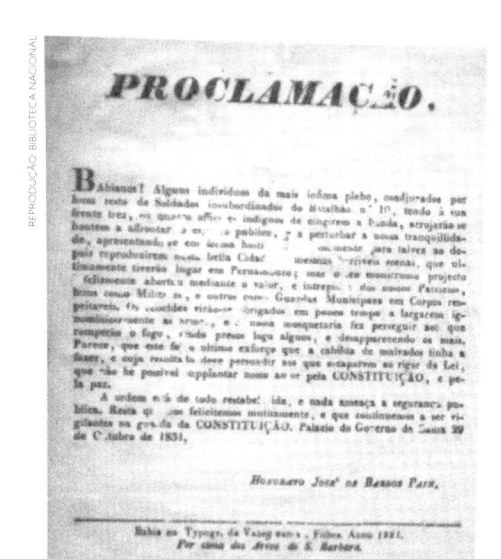

As palavras "Viuva Serva" estão de ponta-cabeça no crédito da Tipografia (destaque), no folheto "Proclamação", de Honorato José de Barros Paim, num possível ato de "rebeldia" do impressor.

grupo de militares se insurgiu na Bahia, sendo logo reprimido. Nesse momento, a Tipografia da Viúva Serva e Filhos publicou o folheto intitulado *Proclamação*, de autoria de Honorato José de Barros Paim, que afirmava:

> Bahianos! Alguns individuos da mais infima plebe, coadjuvados por hum resto de Soldados insubordinados do Batalhão n. 10, tendo á sua frente trez, ou quatro officiaes indignos de cingirem a banda, arrojarão se hontem a afrontar o espaço publico, e a perturbar a nossa tranquilidade, apresentando se em forma hostil [...] A ordem está de todo restabelecida, e nada ameaça a segurança publica. Resta que nos felicitemos mutuamente, e que

continuemos a ser vigilantes na guarda da CONSTITUIÇÃO. Palacio do Governo da Bahia 29 de outubro de 1831, HONORATO JOSÉ DE BARROS PAIM.⁶

O mais surpreendente de todo o panfleto é o que passaria como um possível erro tipográfico: o nome da empresária Viúva Serva (e apenas ele) está de cabeça para baixo no crédito da tipografia, onde se lê: "Bahia na Typogr. da Viuva Serva e Filhos". Apenas duas palavras (Viuva Serva) invertidas, apenas dessa vez, em toda a história conhecida da tipografia, antes e depois daquele ano.

"É impossível que fosse distração, diante dos cuidados que se revelam em outros volumes", disse Ana Virginia Pinheiro. O impressor, discretamente, parece ter tentado mostrar que naquele dia o mundo estava "de cabeça pra baixo". Como escreveu a bibliotecária na apresentação do catálogo: "Livros não parecem inocentes".⁷

Ainda muito por pesquisar

Não foi só a Biblioteca Nacional que trouxe à luz recentemente boas surpresas para os estudiosos da Tipografia Serva: também o historiador baiano Pablo Antonio Iglesias Magalhães tem publicado artigos cheios de novidades, como a revelação da existência de um dos primeiros livros impressos pela tipografia: uma gramática da língua portuguesa, a primeira publicada no Brasil, logo no primeiro ano de funcionamento da empresa baiana.

É dele também a revelação da existência de um outro Silva Serva, de nome parecido, habitante de Lisboa, com quem o empresário radicado na Bahia mantinha interesses comerciais. Personagem conhecido entre estudiosos da maçonaria portuguesa na virada do século XVIII para o XIX, Manoel José da Silva Serva seguia desconhecido dos estudiosos de Manoel Antonio da Silva Serva, até que Iglesias Magalhães encontrou um elo entre os dois, em um anúncio publicado em 4 de setembro de 1815 no jornal *Gazeta de Lisboa*.[1]

Foi com certa dose de sorte de garimpeiro que o jovem historiador, durante um período de estudo em Portugal, deparou em uma loja de livros antigos com um exemplar de *Arte da grammatica portugueza*, de Pedro José de Figueiredo, impresso na tipografia de Silva Serva em 1811, que não constava em nenhum estudo, catálogo ou em referências de natureza alguma. Eram conhecidas outras duas edições "servinas", posteriores, do livro: em 1814 e 1817, citadas respectivamente como números 55 e 106 do catálogo *A primeira imprensa da Bahia e suas publicações*.[2] Mas nenhuma referência a uma edição de 1811 nunca havia sido feita por estudiosos de Silva Serva.

O achado casual abriu uma vereda de estudos e, para o historiador, provou que muito ainda está por ser encontrado: "A gente mal arranhou a história de Silva Serva", diz Iglesias Magalhães, que é formado em história pela Universidade Federal da Bahia, onde também fez doutorado.

Ele narrou o episódio em carta que me enviou em dezembro de 2012:

> A história de como encontrei a gramática impressa na Serva é, em grande medida, fruto do acaso.
>
> Fui para Portugal em fevereiro de 2008 para realizar o estágio doutoral na Universidade de Coimbra, sob orientação do dr. José Pedro de Matos Paiva.
>
> Apesar do doutorado ser em Coimbra, minhas pesquisas estavam concentradas na Biblioteca Nacional, Biblioteca da Ajuda e no Arquivo Nacional da Torre do Tombo e por isso eu e minha esposa alugamos um apartamento na capital, na Calçada da Quintinha, em Campolide, próximo ao Aqueduto das Águas Livres. Na época estava pesquisando as guerras neerlandesas. Sempre que terminava a leitura de manuscritos, saía em busca de livros

ARTE
DA
GRAMMATICA PORTUGUEZA
ORDENADA
EM METHODO BREVE, FACIL, E CLARO;
OFFERECIDA
A
SUA ALTEZA REAL
O SERENISSIMO SENHOR
DOM ANTONIO,
PRINCIPE DA BEIRA.
TERCEIRA IMPRESSÃO
Mais correta, e accrescentada.

Para uso do Real Collegio dos Nobres.

BAHIA.
Na Typographia de Manoel Antonio da Silva Serva.
ANNO M. DCCCXII.
Com as licenças necessarias.

Frontispício da primeira edição da pioneira gramática publicada por Silva Serva em 1811, primeiro ano de funcionamento da tipografia. A obra era desconhecida até 2008, quando foi descoberta pelo pesquisador Pablo Iglesias Magalhães.

antigos pelos alfarrabistas [sebos] de Lisboa. Lá, os livros são mais conservados e baratos que no Brasil, possíveis de serem adquiridos por um bolsista. Próximo do meu apartamento havia uma galeria de arte e livraria, a Ferreira & Manteigas, de Manuela Pedro, na Calçada dos Mestres, 12-A. Ali encontrei livros singulares sobre o Brasil. O que chamou minha atenção, de início, foram volumes das primeiras edições dos *Sermões* do padre Antônio Vieira, que custavam 70 euros.

Encontrei também a primeira edição da *Arte Latina,* do padre Rodrigues Dantas, primo do ilustre Joaquim José da Silva Xavier (Tiradentes) e a *Memoria justificativa sobre a conducta do marechal de campo Luiz do Rego Barreto*. Ambas tão raras que nem a Biblioteca Nacional possui. Por colecionar livros sobre a Bahia, um impresso de 1811 chamou minha atenção: a gramática portuguesa feita na Silva Serva. Eu já sabia que a imprensa na Bahia havia sido instalada naquele ano e comprei o volume por 30 euros.

O livro despertou mais minha curiosidade na medida em que não encontrei nenhuma referência a ele. Encontrei quatro exemplares da mesma obra na Biblioteca Nacional de Portugal, mas com a data de 1817. Somente quando retornei para Salvador, em fins de 2008, pude aprofundar as investigações sobre a gramática. Após examinar o livro de Berbert de Castro, tive certeza de que havia encontrado um tesouro e resolvi compartilhar isso escrevendo o artigo intitulado "A palavra e o Império", publicado no volume X dos *Anais de história de além-mar,* em 2009. Daí, minha investigação sobre a tipografia de Silva Serva ganhou impulso e até o presente é um tema que desperta meu interesse enquanto bibliófilo e historiador.

Com uma promissora carreira acadêmica dedicada às questões relativas ao período de domínio holandês sobre parte do Nordeste brasileiro (o atual Pernambuco e adjacências), entre 1580 e 1640, Magalhães começou a estudar a tipografia baiana em consequência da paixão pelos livros raros, aos quais tem dedicado parte importante do salário de professor universitário na Universidade Federal do Oeste da Bahia (Ufob), com sede em Barreiras (noroeste do Estado), onde ensina história do Brasil. O seu interesse tem se transformado em tema de estudos que estão contribuindo para avançar sobremaneira o conhecimento sobre o empresário português radicado na Bahia. Em pouco tempo, seus ensaios recentes abriram pelo menos três frentes de estudos inteiramente novas:

(1) a descoberta do exemplar da *Arte da grammatica portugueza*, livro editado por Silva Serva logo no início do funcionamento de sua tipografia, do qual não havia referências anteriores, e considerado a primeira gramática publicada no Brasil acrescenta mais um dado de pioneirismo no currículo de Serva, além de renovar a possibilidade de existirem outros tantos livros produzidos pela editora baiana não mencionados nos levantamentos feitos até hoje;

(2) Magalhães se sentiu desafiado por uma questão levantada muito tempo atrás por um ensaio do bibliófilo Rubens Borba de Moraes,[3] que questionava se Silva Serva conseguia ganhar dinheiro produzindo jornal e livros numa terra de população predominantemente analfabeta, como eram então a Bahia e todo o Brasil. "Não sabemos se a tipografia da Bahia lhe dava, no final das contas, bons lucros. A *Idade d'Ouro* não os dava. Nunca chegou a obter mais de cento e tantas assinaturas."[4]

Borba sugere que, para aumentar as receitas, Silva Serva teria de adotar a solução normal de editores de livros, publicando mais títulos para compensar a pequena vendagem de cada obra. Analisando o catálogo de Berbert de Castro, Iglesias Magalhães constata que essa não parece ter sido a solução adotada por Serva: "[...] em 1812 imprimiu 24 títulos, mas entre 1813 e 1815 os números gravitaram em torno de apenas seis ou oito títulos anuais. O empresário conseguiu em 1815 um empréstimo de quatro contos de réis junto ao governo [...]. Só em 1816, por conta do empréstimo, o número de títulos publicados voltou a crescer".⁵

Pablo Iglesias Magalhães lança então a hipótese de que poderia haver uma outra solução para o drama da baixa demanda por livros na Bahia às vésperas da Independência: "Havia, não obstante, uma terceira solução, que Borba de Moraes não percebeu, para os problemas de vendas: criar uma rede comercial que disponibilizasse seus livros nas principais cidades de Portugal. Isso passou despercebido por todos os estudiosos do Silva Serva".⁶ O resultado foi tão promissor quanto a hipótese inovadora. Para o estudo, Iglesias analisou anúncios de jornais portugueses e descobriu uma intensa atividade de comércio de livros de Silva Serva em livrarias portuguesas, como narra no ensaio "Livros ultramarinos: o comércio das servinas em Portugal", que foi publicado em dezembro de 2012;

(3) Nesse mesmo estudo, como um prêmio inesperado, o pesquisador descobriu outro fato totalmente novo para os pesquisadores de Silva Serva. Um dos anúncios que Magalhães encontrou entre os publicados por Serva na imprensa

portuguesa convocava candidatos a emprego em sua tipografia baiana a se apresentarem para seleção em um certo endereço no Rocio (praça localizada no centro velho de Lisboa, já próxima do rio Tejo, onde hoje se encontra uma estátua de d. Pedro I, do Brasil, ou Pedro IV, de Portugal, famosa por ser em verdade uma antiga estátua em homenagem a um nobre austríaco destruída no México, comprada pronta e "reciclada" em Lisboa). Ao buscar referências sobre o local indicado, Magalhães descobriu tratar-se do endereço do "negociante Manoel José da Silva Serva". O local indicado era o segundo andar do imóvel de número 83 do Rossio. No térreo, Magalhães constatou que funcionava uma certa livraria, vendida em 1822, e "no segundo andar encontrava-se o 'negociante' de nome semelhante ao do fundador da imprensa na Bahia".

A descoberta abre numerosas possibilidades de estudo. Ela sugere desde logo que o introdutor da imprensa na Bahia poderia ser o representante em ultramar de uma empresa familiar que se dedicasse ao comércio em Portugal e na Bahia e entre os dois pontos. Livrarias em Portugal e Salvador, tipografia em Salvador e venda de livros portugueses e baianos no Rio; venda de livros feitos na Bahia em livrarias portuguesas; oferta de serviços gráficos mais baratos em Salvador para clientes no Rio, quiçá em Portugal... Enfim, novos caminhos de pesquisa surgiram com a descoberta desse personagem de nome e negócios semelhantes ao Silva Serva que se radicou na Bahia em 1788-9.

Pablo Iglesias Magalhães diz sobre Manoel José da Silva Serva: "Não tenho documentos que comprovem, mas creio tratar-se de um irmão de Manoel Antonio da Silva Serva".[7] O empresário, possível irmão do fundador da imprensa baiana, é citado como membro da maçonaria portuguesa por um respeitado historiador da sociedade iniciática, Oliveira Marques, em *História da maçonaria em Portugal*, informa Magalhães.[8]

Iglesias Magalhães justifica seu comentário de que "a gente mal arranhou" os estudos de Silva Serva com exemplos sobre lacunas difíceis de explicar: "É estranho que até hoje se saiba tão pouco sobre ele, dadas a importância e a multiplicidade de atividades em diversos campos da vida social da Bahia". Seu comentário me lembrou o que disse o jornalista Biaggio Talento sobre o fato de Serva ser conhecido como fundador da tipografia por historiadores de imprensa, que desconheciam os antigos documentos da Devoção do Senhor do Bonfim; e ao mesmo tempo ser conhecido por historiadores do Bonfim que ignoravam os estudos sobre os jornais baianos. Talvez muitas informações possam surgir com pesquisas sobre outras atividades do pioneiro da imprensa para "tudo se encaixar".

Um exemplo de lacuna que Magalhães e Talento citam como "estranha" é a falta de imagens de Silva Serva. Lembrando que mandar pintar retratos das pessoas ricas e importantes e suas famílias era um hábito tão comum na época quanto ser fotografado hoje, Talento afirma: "É estranho que ainda não tenha aparecido uma pintura com a imagem de Silva Serva". Uma frase que Magalhães repete quase literalmente.

Na opinião de Iglesias Magalhães, parte desse desconhecimento talvez se deva a certa militância política. Ele acredita que Silva Serva e o grupo de escritores que orbitava em torno de sua tipografia eram maçons, militantes da organização secreta que fazia oposição à monarquia absolutista de Portugal e que no Brasil gozava de certa liberdade.

O historiador cita exemplos dessa liberdade concedida à maçonaria e da proximidade de Silva Serva com maçons, sem contar a militância desse parente antes desconhecido, já documentada em Portugal:

1) a pioneira revista *As Variedades*, publicada por Serva em 1812, tinha em sua primeira página, como uma espécie de marca (ou logotipo, como se diria hoje), uma imagem composta de símbolos maçônicos (um compasso e um esquadro se destacam). Sobre essa imagem, escreveu o historiador Helio Vianna em *A primeira revista brasileira (1812)*:[9]

> Dando uma indicação sobre as tendências ideológicas do redator de *As Variedades ou Ensaios de Literatura*, aparece, nos frontispícios que supomos terem sido impressos em 1814, para ser adicionados aos exemplares então existentes – uma vinheta caracteristicamente maçônica, na qual o sol flamejante, a meia-lua rodeada de estrelas, o esquadro, o compasso e o macete não deixam dúvidas quanto à alegada filiação aos chamados "princípios franceses".[10]

2) O redator a que se refere Vianna é o já mencionado Diogo Soares da Silva e Bivar, um estranho caso de preso político que gozava de liberdades como a de ser possivelmente revisor do jornal *Idade d'Ouro* e certamente redator de *As Variedades*, enquanto deveria viver enclausurado cumprindo pena por ter colaborado com a ocupação francesa em Portugal. Segundo

Edição de 1814 da revista *As Variedades ou Ensaios de Literatura* traz símbolos maçons na vinheta no centro da capa.

a história, teria hospedado o comandante militar francês Junot e depois trabalhado como funcionário de alto escalão da burocracia pública, como juiz de fora. Por isso, ao fim do domínio napoleônico, foi condenado ao degredo perpétuo (morar em exílio forçado para o resto da vida numa colônia de condições adversas). Condenado a viver em Rios de Sena, Moçambique, chegou a Salvador em 1810. Em plena viagem compulsória à África, foi autorizado a descer na capital baiana e passou a viver como se interinamente no Forte de São Pedro, com regalias únicas para um preso em sua condição, concedidas pelo governador conde dos Arcos, como contam Renato Berbert de Castro, em "Introdução: a revista *As Variedades*",[11] e Helio Vianna, em seu texto já citado, os dois artigos reunidos entre as apresentações que compõem a coletânea de ensaios *Sobre a revista "As Variedades"*, publicada pela Fundação Pedro Calmon, ligada ao governo do Estado da Bahia, para marcar os duzentos anos da revista, em 2012.

Vianna diz, explicitamente:

> Devendo seguir para Rios de Sena, em Moçambique, a fim de aí cumprir a pena de degredo a que fora condenado, [Bivar] veio ter à Bahia, onde, protegido pelo governador da capitania d. Marcos de Noronha e Brito, 8º conde dos Arcos, conseguiu permanecer, apesar de acusado de jacobinismo e de "partidista" dos franceses. [...] Graças ainda à proteção do governador, teve comutado o seu degredo para a própria Bahia, até que por decreto de d. João VI, de 26/03/1821, foi restituído à liberdade.[12]

Mais tarde, mudou-se para o Rio, onde, segue Helio Vianna, "tendo aderido à independência do Brasil, por ela efetivamente trabalhando, talvez na maçonaria, a que certamente pertencia, tornou-se cidadão brasileiro, *ex-vi* da constituição de 1824".[13]

3) A maçonaria era admitida tacitamente em Portugal e quase explicitamente no Brasil no começo do século XIX, como contam vários testemunhos. Um exemplo citado por Magalhães é o do contrabandista inglês Thomas Lindley, membro assumido da maçonaria na Inglaterra que circula em Salvador entre os seus simpatizantes, destacando a liberdade dos irmãos, nos primeiros anos do século XIX:

> Fui chamado à casa de um irmão maçom e fui apresentado a alguns outros membros da sociedade. A maçonaria foi sempre proibida com rigor pelas leis de Portugal, e muitas vítimas por conta dela caíram nas mãos da Inquisição e do poder civil: mas, apesar disso, mais recentemente ganhou raízes; e muitas lojas foram estabelecidas em Lisboa e no Porto etc. e entre seus membros estão muitas pessoas de alta patente, do Exército e da Marinha etc. etc. Isso é sabido pelo governo, mas é tacitamente admitido, o que não é o caso no Brasil; onde estão também muitos dessa sociedade, que se comportam com grande reserva, mas ainda não têm nenhuma loja. A prova de que há hoje em dia uma maior liberdade é o fato de que meu certificado de maçonaria foi apreendido junto com outros documentos pessoais pelo ministro, a quem eu tenho sempre evitado, e nenhum efeito negativo houve.[14]

4) O próprio governador d. Marcos de Noronha e Brito, o conde dos Arcos, é citado como maçom em livro escrito por outro viajante britânico, quatorze anos depois, ao citar com admiração os sinais do enraizamento da sociedade secreta na vida política da Bahia na segunda década do século XIX, sob o governo do conde. O autor de época citado por Iglesias Magalhães é James Prior, autor de *Voyage Along the Eastern Coast of Africa: To Mosambique, Johanna, and Quiloa and St. Helena; to Rio de Janeiro, Bahia, and Pernambuco in Brazil. In the Nisus Frigate*, publicado em 1819, que registrou a presença da maçonaria na Bahia e se surpreendeu "como a maçonaria era admirada e frequentada em Salvador, apesar da perseguição que sofria nos países católicos". E então, segundo Magalhães em estudos que vem realizando sobre a presença da maçonaria na Bahia, o viajante inglês revela: "Há três lojas da sociedade, que contam entre seus membros com o governador, o arcebispo e a maioria da elite, os quais, no entanto, não assumem publicamente pertencer a ela. Muitos membros recentes do chamado 'baixo clero' foram iniciados recentemente".[15] O arcebispo a que se refere o viajante inglês é identificado por Iglesias Magalhães como sendo José de Santa Escolástica Alvarez Pereira (1804-13), cujo período na arquidiocese coincide com o começo da administração do conde dos Arcos.

É com base nos estudos preliminares que compõem sua pesquisa que Iglesias Magalhães afirmou em entrevista para este livro em novembro de 2012:

> Creio que o que juntava o grupo de escritores em torno de Silva Serva era a maçonaria. Alguns estudiosos, na linha de Nelson Werneck

Sodré, dizem que ele servia a Coroa portuguesa, mas eles tinham um projeto iluminista, um projeto político para o Brasil. O padre Ignácio José de Macedo, que era redator da *Idade d'Ouro*, apesar de padre era maçom. Bivar era maçom. O futuro visconde de Cairu, que então assinava José da Silva Lisboa, era maçom, embora tenha depois se tornado mais conservador. E também era maçom Antonio José Osório de Pina Leitão, autor de *Alfonsíadas: poema heroico da fundação da monarquia portuguesa*, publicado por Serva em 1818 e até hoje um dos livros mais valiosos entre as servinas.

Por fim, Iglesias Magalhães diz que mais um sinal possível de que Silva Serva tenha sido maçom era sua preferência por agir com discrição, deixando poucas marcas (o que hoje dificulta muito saber mais coisas sobre ele, desde o lugar de nascimento até sua aparência). Essas lacunas, para um jovem pesquisador, no entanto, são um sinal fortíssimo de oportunidades: "A gente mal arranhou a história do Silva Serva", aposta.

Surgem novos personagens

Ao encontrar um Silva Serva até então desconhecido dos estudiosos da imprensa da Bahia, quando tentava buscar mais informações a partir de um anúncio publicado quase duzentos anos antes pelo pioneiro da tipografia baiana em uma viagem a Portugal, o historiador Pablo Iglesias Magalhães abriu novos horizontes de investigação para os estudiosos de Silva Serva. Suas novas pesquisas indicam que o empresário luso-baiano talvez fizesse parte de uma organização empresarial, com braços em Portugal, na Bahia e no Rio, e de uma organização política, a maçonaria, vivendo dias de mais tolerância nos dois lados do Atlântico.

Como a ponta do fio de uma meada, que se puxa e vai trazendo mais e mais fios, o surgimento de um novo Silva Serva em Portugal sugere buscar outras referências sobre aquele negociante português, talvez em documentos já conhecidos de pesquisadores com outras áreas de interesse, que talvez conhecessem Manoel José da Silva Serva sem ligá-lo ao quase homônimo pioneiro da imprensa baiana, como aconteceu quando o jornalista Biaggio Talento foi estudar a história da Igreja do Bonfim e, por conhecer também a história da imprensa, "tudo se encaixou"…

Foi o que aconteceu comigo a partir das informações apuradas por Iglesias Magalhães sobre Manoel José, publicadas em artigo no final de 2012.

Na visita ao Arquivo Público do Estado da Bahia, na Baixa de Quintas, no início de novembro de 2012, fui apresentado ao pesquisador de história Urano Andrade, que se denomina "professor/historiador/pesquisador, fotógrafo/blogueiro". Ele realiza pesquisas de documentos históricos há mais de dez anos e, em suas buscas em arquivos com milhões de documentos, nem todos digitalizados e muito menos organizados, Andrade conta com a ajuda de outros historiadores, do Brasil e de diversos outros países. Urano Andrade mantém o blog Pesquisando a História (www.uranohistoria.blogspot.com.br), que acompanha o dia a dia da pesquisa de documentos históricos no Brasil, indicando textos que se tornam públicos e denunciando más condições de conservação de arquivos e documentos. Assim, organiza uma espécie de rede social de pesquisadores de documentos.

Conheci Urano Andrade no mesmo dia em que, seguindo o caminho indicado por Pablo Iglesias, eu havia encontrado a escritura de dívida assinada por Manoel Antonio da Silva Serva em 1792 (transcrita no capítulo "Uma tipografia em família"). Dias depois, quando voltamos a falar, expliquei a ele o objeto de minha pesquisa. Disse que fazia um livro-reportagem sobre Manoel Antonio, pai, a partir de relatos sobre pesquisas feitas recentemente por historiadores. Sem entrar no mérito de meu campo específico de pesquisa, a imprensa, mas buscando em suas referências documentos que pudessem conter informações sobre o tema "Silva Serva", Andrade me mandou alguns dias depois referências e resumos de três documentos que de alguma forma "se encaixam" no que Pablo Magalhães começou a descortinar. Os documentos são:

1) um requerimento sem data (mas certamente da segunda metade de outubro de 1815) em que Manoel Antonio da Silva Serva, apresentado como negociante matriculado na "Real Junta de Comércio", pede ao príncipe regente d. João licença para ir à Bahia levando consigo seu caixeiro, Manuel José Pereira, e o seu impressor, Manoel José Porfírio. Esse documento traz no alto à esquerda, acrescentado com outra caligrafia, em caráter de informação sobre andamento do processo, uma anotação que diz: "Passou-se Passaporte em 27 de outubro de 1815";

2) um atestado, datado de 23 de outubro de 1815, da Intendência de Polícia informando que nada tem a opor à viagem de Manoel Antonio da Silva Serva à Bahia, no qual é citada a cidade natal (Vila Real) e a idade de Silva Serva, bem como seu endereço em Lisboa;

3) um passaporte do secretário de Estado da Marinha e Guerra, d. Miguel Pereira Forjás Coutinho, autorizando a viagem, de Lisboa para a Bahia, da galera Tamega, da qual era dono Manoel José da Silva Serva. O documento é datado de 29 de outubro de 1815.

Os três documentos indicados por Andrade fazem parte do conjunto de Documentos Manuscritos Avulsos da Capitania da Bahia, parte do Projeto Resgate, os três arquivados na Caixa 258 (documentos 17927-17930). São os três da mesma época, final de outubro de 1815, separados entre si por alguns poucos dias, apenas. Referem-se por certo aos personagens de uma mesma viagem. Os papéis têm grande importância, pois "encaixam" muitas peças do quebra-cabeça.

Para começar, o requerimento de Manoel Antonio da Silva Serva é o pedido de licença para viajar, em resposta ao qual foi emitido o passaporte que Berbert de Castro encontrou no Arquivo Histórico Colonial de Lisboa (em Passaportes de Passageiros, Livro X, 1811-6, p. 414), que ele cita e transcreve em seu livro e que permitiu ao historiador baiano estabelecer idade e local de nascimento declarados por Silva Serva.[1]

O documento inédito aqui revelado traz inclusive o despacho dando conta de que o Passe requerido foi concedido em 27 de outubro de 1815, exatamente a data do documento citado por Castro. A coincidência entre os documentos e os personagens fica ainda mais evidente quando se vê que o passaporte para Manoel Antonio da Silva Serva e o expedido para a galera Tamega, de Manoel José da Silva Serva, são assinados pelo mesmo Miguel Pereira Forjás. O impressor Manoel José Porfírio, incluído na "companhia" com que viaja Manoel Antonio da Silva Serva, deve ter sido selecionado entre os que responderam ao anúncio publicado por Serva pouco antes na *Gazeta de Lisboa* (em 4 de setembro de 1815, conforme Iglesias Magalhães),[2] que indicava como local para apresentação dos candidatos um endereço no Rossio, em Lisboa, de Manoel José da Silva Serva.

Esse negociante português, com atuação em Lisboa, que como em um poema de Carlos Drummond de Andrade "não tinha entrado na história" até ser descoberto por Pablo Iglesias Magalhães, revela-se um parceiro maior no empreendimento do pioneiro da imprensa baiana, ao fornecer até mesmo o barco para sua viagem de Portugal ao Brasil.

DOCUMENTO EM QUE MANOEL ANTONIO DA SILVA SERVA PEDE PASSAPORTE AO PRÍNCIPE REGENTE PARA VIAJAR À BAHIA

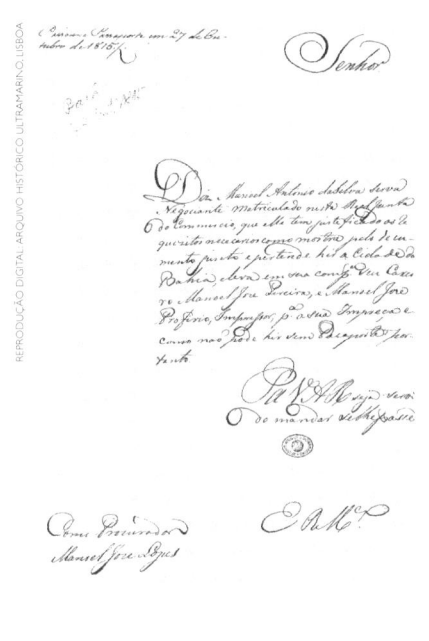

Senhor,

Diz Manoel Antonio da Silva Serva, Negociante matriculado nesta Real Junta do Commercio, que ele tem justificado os requisitos necessários como mostra pelo documento junto e pertende hir a Cidade da Bahia, e leva em sua compa. seu Caxeiro Manoel José Pereira, e Manoel José Profirio, Impressor, p a. a sua Impreção e como não pode hir sem passaporte, portanto

Pa Vossa Alteza Real seja servido mandar selhe passe

Como procurador

Manoel José Lopes

[No alto, à esquerda, como informação de despacho já realizado:]

Passou-se Passaporte em 27 de Outubro de 1815

João de Mattos e Vasconcellos Barbosa de Magalhães, do Conselho

de Sua Alteza Real o Príncipe regente Nosso Senhor, Comendador
da Ordem de Christo, Intendente Geral de Polícia, &c.

ATESTADO DA INTENDÊNCIA DE POLÍCIA DIZ QUE NADA HÁ CONTRA A CONCESSÃO DE PASSAPORTE A SILVA SERVA

ATTESTO que nesta Intendencia Geral de Policia nada se oferece que obste à viagem que para a Cidade da Bahia pertende fazer Manoel Antonio da Silva Serva, Negociante, cazado, natural de Vila Real, de idade de cincoenta e quatro anos, morador ao Rocio; levando em sua companhia seu Caixeiro, Manoel Jose Pereira, natural de Coimbra, solteiro, de idade de vinte e dois anos; e Manoel Jose Profirio, Impressor, natural de Lisboa, solteiro, de idade de quarenta e tres anos. E para constar aonde lhes convier, especialmente na Secretaria de Estado dos Negocios da Marinha, onde devem recorrer para conseguir o seu Passaporte, mandei passar o prezente por mim assignado, ficando na Secretaria desta Intendencia o documento passado pelo Corregedor do Bairro do Rocio que legitima o decorrente documento. 23 de outubro de 1815.
João de Mattos e Vasconcellos Barbosa de Magalhães.

AUTORIZAÇÃO PARA GALERA DE PROPRIEDADE DE MANOEL JOSÉ DA SILVA SERVA VIAJAR À BAHIA

D. Miguel Pereira Forjás Coutinho, do Conselho do Príncipe Regente Nosso Senhor, Senhor dos Coutos de Freiriz e Penagate, Commendador na Ordem de Christo, Grão Cruz na de S. Tiago da Espada, Tenente General dos Reais Exercitos, Inspector Geral das Milicias, Secretario dos Negocios da Marinha, Estrangeiros, e da Guerra, &c.

Faço saber aos que este Passaporte virem que do Porto da Cidade de Lisboa, faz viagem para a Bahia, donde hade voltar para o mesmo Porto de Lisboa, a Galera denominada Tamega, de que he Mestre Marcos Jozé Dias, e Senhorios e Caixa Manoel Jozé da Silva Serva, e Companhia, como se fez certo nesta Secretaria da Marinha pelo Juramento dos mesmos Proprietarios, e Documentos por eles apresentados. Sendo todos os sobreditos... Portugueses, e Vassallos destes Reinos, sem que na dita Galera tenha parte pessoal alguma Estrangeira. E porque na hida, ou volta póde ser encontrada em quaisquer Mares, ou Portos pelos Cabos, e Officiaes das Náos, e mais Embarcações do mesmo Reino: ordena o Principe Regente Nosso Senhor lhe não ponhão impedimento algum.

E recomenda aos das Armadas, Esquadras, e mais embarcações dos Reis, Príncipes, republicas, potentados, Amigos e Alliados desta Corôa, lhe não embaracem seguir sua viagem, antes para a fazer lhe dem a ajuda, e favor de que necessitar, na certeza de que aos recomendados pelos seus Príncipes se fara o mesmo e [?]. Em fé do que lhe mandou dar este Passaporte por Mim assignado, e sellado [?]… Grande das Armas Reaes. Dado em Lisboa, aos vinte e nove de Outubro [?] Nascimento de Nosso Senhor Jesu Christo de 1815.
D. Miguel Pereira Forjás
Por Ordem de S. Excellencia
Pedro João Thomaz.

Em seu estudo sobre o comércio ultramarino de livros de "servinas", Magalhães já menciona que Manoel José da Silva Serva tinha sociedade em navios, informação obtida a partir de documento do Arquivo Histórico Ultramarino de Lisboa referente à capitania de Pernambuco. Trata-se de um "Atestado do secretario da Real Junta de Comércio, Agricultura, Fábricas e Navegação, José Acúrsio das Neves, sobre o termo de juramento assinado por José dos Santos Neto declarando ser caixa e interessado com Manoel Teixeira Basto, José Joaquim Barbosa, Joaquim Pedro Genoux e Manoel José da Silva Serva, na propriedade do navio *Conde das Galveias*, de que é mestre Antonio da Fonseca Rosa. Lisboa, 8 de julho de 1812".[3] Sócio de um navio em 1812, Manoel José aparece como dono único de outro, a galera Tamega, em 1815.

As informações contidas nesses documentos levantam várias hipóteses e temas para futuras pesquisas:

1) Manoel Antonio da Silva Serva diz, no texto do pedido, que é matriculado na Real Junta de Comércio de Lisboa. Isso mostra que tinha interesses comerciais estabelecidos em Lisboa, preliminar ou, ao menos, paralelamente aos seus empreendimentos em Salvador. Essa informação, talvez de aparência fortuita, é reveladora de que não é o Brasil ou a Bahia a fonte primária da possível fortuna de Silva Serva, já estabelecido entre os homens de negócios de Portugal. E permite supor que ele já tivesse alguma fortuna ao mudar-se para a Bahia, no fim da década de 1780.

2) No texto do Atestado da Intendência de Polícia, que afirma nada haver que possa impedir sua viagem à Bahia, Silva Serva aparece como "morador ao Rocio". Trata-se do mesmo logradouro do endereço ao qual remeteu os possíveis candidatos ao emprego que oferecia na Bahia e onde Iglesias Magalhães foi encontrar Manoel José. É curioso que o empresário declare em 1815 ser morador do Rossio quando já parece ter-se radicado na Bahia, com casa alugada desde 1788-9, com negócios vultosos já ocorrendo no início dos anos 1790, a ponto de poder obter empréstimos de 3 mil e 500 contos de réis, valor correspondente ao do empréstimo que obteve em 1816, para ser pago em quinze anos, e que permitiu dinamizar sua empresa (ver o capítulo "Uma tipografia em família" e o artigo "Livros ultramarinos", de Iglesias Magalhães).[4]

3) O conjunto dos documentos parece reforçar também a afirmação de Cybelle de Ipanema para estabelecer o local de nascimento de Silva Serva, quando diz que naquela época, início do século XIX, as pessoas passavam a usar como último

sobrenome o nome da cidade onde haviam nascido. Assim, o Serva, do nome de Manoel Antonio, seria uma referência à vila de Cerva (com uma grafia típica de época) e seu sobrenome seria Silva.⁵ Dois documentos que aqui se apresentam, por indicação de Urano Andrade, mencionam o caixeiro de Silva Serva, Manoel José Pereira, que é apresentado como tendo nascido em Coimbra. Esse mesmo funcionário da tipografia é chamado de "Manoel José Pereira Coimbra" em anúncio que Silva Serva publicou na *Idade d'Ouro do Brazil* sobre sua viagem ao Rio, em 1814.

4) Ao mesmo tempo, seria de se supor, por paralelismo, que o mesmo atestado de 1815 o nomeasse "Manoel Antonio da Silva" e indicasse como local de nascimento "Serva", o que não faz. Há portanto que estudar melhor a questão, mas a primeira hipótese que se poderia levantar, a partir das hipóteses anteriores, é que Serva já fosse referência tornada nome havia uma geração ao menos e, assim, já passando a ser usado como nome de família, deixando menos clara e direta a relação entre nome e local de nascimento, ao menos no seu caso.

Além de Manoel José da Silva Serva, há outros Serva surgindo para levantar mais hipóteses e dar mais trabalho aos pesquisadores. No início dos anos 1980, Berbert de Castro trocou correspondência com Jayme Ribeiro Serva, um descendente paulista de Silva Serva que buscara esclarecimentos sobre ambiguidades e contradições entre nomes e datas de nascimento de descendentes do fundador da imprensa na Bahia. Em carta datada de 14 de agosto de 1983, o historiador descreveu a lista dos filhos de Manoel Antonio da Silva Serva, com base em informações que tinha coletado em documentos durante pesquisa sobre outra família baiana (Teixeira de Freitas). Castro tinha registros de batismos e de óbitos, mas não tinha ambos de todas as pessoas. Estes são os nomes e os dados que ele relacionou em sua carta:

> Filhos de Manoel Antonio da Silva Serva, o introdutor da tipografia na Bahia, e sua mulher Maria Rosa da Conceição:
> Ana: faleceu em 22/8/1800, com dois anos (nasceu portanto entre 1797 e 1798);
> Delfina: batizada em 19/4/1801;
> Manoel Antonio (o filho) foi batizado com um mês de idade em 20/8/1803. Nasceu, portanto, em julho de 1803; faleceu com 43 anos de idade em 10 ou 11 de setembro de 1846;
> Ana: batizada em 13/7/1806, com um mês e meio de idade;
> José Antonio: batizado na capela do Senhor do Bonfim em 19/4/1808 (sem data de nascimento).
> Ana: batizada em 4/6/1810;
> Ana: faleceu em 3/11/1813, com três meses;
> A viúva Serva, Maria Rosa da Conceição, morreu em 7/1/1858, maior de 80 anos, na casa de seu filho José Antonio da Silva Serva.

Àquele tempo, as certidões de batismo traziam apenas o primeiro nome da criança, o que talvez explique a sucessão de fichas identificadas como Ana. Sobre José Antonio da Silva Serva, segundo filho do pioneiro da imprensa, encontrei no Arquivo Público do Estado da Bahia, entre outros documentos com seu nome, duas escrituras de alforria para escravos que ele assinou, uma para a "escrava Hora, africana", de 27 de janeiro de 1871 (livro 409, p. 26), e outra para "Alfredo crioulo", de 21 de agosto de 1876 (livro 511, pág. 13), que mostram, portanto, que ele viveu pelo menos até os 68 anos.

Curiosamente, a escritura de alforria concedida à escrava Hora, que, conforme o texto do documento, "agora passa a ter a liberdade como se de ventre livre nascesse" (ou seja, com todos os direitos de quem tivesse nascido livre), tem como testemunhas duas pessoas: João Soares Serva, identificado no documento como filho do outorgante; e uma pessoa denominada exatamente pelo mesmo nome de José Antonio da Silva Serva, sem que conste ser filho. Pela repetição de nomes de pais para filhos (Manoel Antonio, pai, e Manoel Antonio, filho), se poderia pensar que também se tratava de um filho com o nome do pai, mas isso provavelmente estaria mencionado explicitamente, como no caso da primeira testemunha, João. Também na escritura de alforria outorgada em 1876 para dar "liberdade ao Alfredo crioulo, de quatro anos, filho de sua escrava Constança", mais uma vez João Soares Serva assina como testemunha e é identificado como "filho" (José Antonio teve outros filhos, entre os quais o médico Jayme Soares Serva, que serviu como voluntário na Guerra do Paraguai e não mais voltou à Bahia). Quem seria então o José Antonio da Silva Serva que testemunhou a concessão da liberdade à escrava Hora em janeiro de 1871, quando José Antonio da Silva Serva, filho do pioneiro da imprensa, já estava para completar 63 anos?

Buscando no mesmo Arquivo Público do Estado da Bahia, encontrei um documento que esclarece parcialmente a questão:

trata-se do pedido de abertura de inventário de José Antonio da Silva Serva que sua viúva Maria José de Figueiredo Serva apresenta ao juiz de Órfãos, em 11 de julho de 1871, portanto seis meses depois (documento ID 41320 do Tribunal da Relação, Estante 3, Caixa 1019, Maço 1488, Folha 91, Doc. 8). No texto do documento, o falecido é identificado como médico, morto no dia 25 de abril de 1871, tendo deixado dois filhos pequenos, José, de três anos e oito meses, e Jayme, de quatorze meses, que por sua vez morreu também em 25 de junho de 1871, de "febre perniciosa". Então, houve duas pessoas de nome José Antonio da Silva Serva, sem parentesco direto, mas próximos a ponto de um servir de testemunha ao outro. Essa repetição de nomes parece ser um padrão familiar, pois o José Antonio médico, morto em 1871, também pôs o nome de Jayme em um de seus filhos, como havia feito antes o filho do pioneiro da imprensa.

Na carta de Berbert de Castro de agosto de 1983, ele esclarece a ambiguidade quanto aos José Antonio e Jayme e traz à luz detalhes sobre esse novo personagem:

> Saindo do casal fundador da tipografia, cito os dados que tenho, sumários e sem ordem alguma:
> Jayme – Nascido em 5/7/1843, batizado em 27/6/1845, filho de José Antonio da Silva Serva e Clelia Soares Serva;
> Jayme – Nascido em 10/4 (obs.: trata-se do ano de 1870), filho do dr. José Antonio da Silva Serva e Maria José de Figueiredo Serva. Foi batizado em 23/8 do corrente ano;
> […]
> Uma justificativa de batismo de José Antonio da Silva Serva,

afirmando ser filho legítimo de Miguel Joaquim da Silva Serva e Carlota Carolina Teixeira Serva, tendo nascido em 9/9/1835 e batizado em 1/2/1836.⁶

A carta de Berbert de Castro a Jayme Serva explica a ambiguidade de nomes entre "José Antonios" e "Jaymes" do século XIX: o fundador da imprensa na Bahia teve um filho José Antonio, nascido em 1808, que em 1845 teve um filho ao qual deu o nome de Jayme, que foi médico e se mudou para São Paulo depois de lutar na Guerra do Paraguai; cerca de 27 anos depois, outro José Antonio nasceu na Bahia e, em 1870, teve um filho ao qual deu também o nome de Jayme.

No entanto, ao explicar a ambiguidade, Berbert de Castro relaciona um novo nome familiar até então jamais citado nas biografias do empreendedor da *Idade d'Ouro*: trata-se desse Miguel Joaquim da Silva Serva, pai do José Antonio batizado em 1835. Sobre ele, a carta faz mais adiante a seguinte observação, ao se referir ao batismo de dois outros filhos: "Henriques nasceu a 15/3/1832, batizado a 25/7/1832, é outro filho de Miguel Joaquim da Silva Serva e Carlota Carolina Teixeira Serva. Ele natural do bispado de Beja, em Portugal".⁷

Além de Manoel José da Silva Serva, habitante de Lisboa, trazido à luz pelos recentes estudos de Pablo Iglesias Magalhães, há também outro Silva Serva não mencionado nos estudos sobre o fundador da tipografia na Bahia que morava no Estado, onde teve descendência com nomes semelhantes à de Manoel Antonio da Silva Serva, num padrão de repetição que sugere um costume familiar.

Quem seria esse Miguel Joaquim que não é filho dele e que dá a seu filho o mesmo nome de um dos filhos do fundador da imprensa na Bahia, filho este que por sua vez dará a seu filho o mesmo nome que o outro dera ao seu?

O esclarecimento surgiu com o achado de um processo relacionado ao passaporte para que Manoel Antonio da Silva Serva, o pioneiro, voltasse de Lisboa à Bahia no início de 1810.

Na documentação para a realização dessa viagem, encontrada no Arquivo Histórico Ultramarino de Lisboa por

Documento de justificativa de Manoel Antonio da Silva Serva para levar consigo à Bahia os sobrinhos órfãos Miguel Joaquim e Inácia Maria.

Iglesias Magalhães, o empreendedor já estabelecido na Bahia pede autorização para levar para sua casa em Salvador dois sobrinhos que ficaram órfãos com a morte de seu irmão Miguel Joaquim da Silva e da mulher, Maria Thereza. O texto do documento informa:

> Diz Manoel Antonio da Silva Serva, Negociante da Praça da Bahia, que ele quer justificar perante vs que há falecido da vida presente o Irmão [?] Miguel Joaquim da Silva com a mulher Maria Thereza moradores que forão da vila de Alvalade, comarca de Ouriques, que por óbito destes ficarão dois filhos menores que têm por nome Miguel Joaquim de 12 anos e Inácia Maria de 16 anos sem terem outro abrigo mais que [?] seu tio e por isso os quer levar consigo para a mesma cidade da Bahia para onde já possui o respectivo passaporte.

Esse processo é datado do início de 1810. O passaporte para os sobrinhos foi concedido em 1º de março de 1810, como informa despacho anotado no alto à esquerda de uma de suas folhas. O texto do passaporte concedido a Manoel Antonio da Silva Serva, de 10 de janeiro de 1810 (que a justificativa acima informava que o comerciante já possuía), esclarece ainda que ele viajava acompanhado de um "Preto chamado André, de idade de 14 anos".

Miguel Joaquim da Silva Serva, que deu a seu filho o mesmo nome de José Antonio da Silva Serva, era portanto um sobrinho adotado por Manoel Antonio da Silva Serva, com idade aproximada à de seu filho mais velho, Manoel Antonio. Sua história reforça ainda mais a impressionante repetição de nomes de gera-

Atestado de Silva Serva de que intenciona levar os sobrinhos órfãos para a Bahia (no alto, à esq., despacho com a data de emissão do passaporte).

D. MIGUEL PEREIRA FORJAZ COUTINHO, do Conselho do Principe Regente Nosso Senhor, Marechal de Campo dos Seus Reaes Exercitos, Commendador na Ordem de Christo, Secretario do Governo do Reino de Portugal das Repartições da Guerra e da Marinha, &c.

Faço saber aos que este Passaporte virem que da Cidade de Lisboa faz viagem para a Bahia, Manoel Antonio da Silva Serva Negociante daquela Praça, que se recolhe a sua caza, levando em sua companhia hum Preto chamado André, de idade de quatorze Annos, - - - - - - - - -

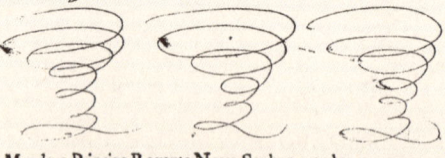

Manda o Principe Regente Nosso Senhor a todas as pessoas a quem o conhecimento deste pertencer lhe não ponhão impedimento algum a fazer a dita viagem. Em fé do que se lhe deo este Passaporte por mim assignado, e sellado com o sello das Armas Reaes. Palacio do Governo em 10 de Janeiro de 1810.

Por Ordem de S. Excellencia.

Passaporte, emitido em janeiro de 1810, autoriza que Manoel Antonio da Silva Serva volte à Bahia em companhia de um criado, André, de quartorze anos.

ção a geração daquela família portuguesa migrada para a Bahia.

Em sua carta de 1983, Berbert de Castro conta também que "Firmina, outra filha de Miguel Joaquim e Carlota [foi] batizada em 23 de maio de 1830". Também esse nome coincide com o de outra Silva Serva, moradora do outro lado do Atlântico, como narra Iglesias Magalhães em seu ensaio "Livros ultramarinos":

> Teófilo Braga afirmou que Manoel José da Silva Serva foi um "negociante e accionista do Contracto do Tabaco, conhecido pedreiro [livre], grande protector de Pato Moniz. À morte de uma filha d'este maçon, d. Firmina, fez um poema, o Moniz, que intitulou 'A apparição'".[8]

É inverossímil atribuir a repetição de tantos nomes a uma mera coincidência, como uma moda daquele tempo. O mais provável é realmente que os Silva Serva tivessem por hábito se homenagearem mutuamente adotando uns poucos nomes para seus filhos, ressaltando assim os laços de parentesco.

Mas, nesse caso também, como já mencionado anteriormente, carece de melhor análise o suposto uso dos nomes das cidades de origem como uma espécie de sobrenome, costume em que a historiadora Cybelle de Ipanema se fiou para cravar a Vila de Cerva como sendo local de origem de Manoel Antonio da Silva Serva (que no requerimento de passaporte para viagem ao Brasil, em 1815, alega ter nascido em Vila Real). Se de fato o caixeiro de Silva Serva, nascido em Coimbra segundo esse mesmo documento de pedido do passaporte, é identificado como "Manoel José Pereira, natural de Coimbra" e apresentado como "Manoel José Pereira Coimbra" em anúncio publicado por Silva Serva na *Idade d'Ouro do Brazil*, há outros tantos indícios de que o sobrenome Serva não tivesse relação direta com a indicação da localidade de origem, como se pode ver pela informação transcrita por Berbert de Castro do documento de batismo do segundo José Antonio da Silva Serva, que identifica seu pai, Miguel Joaquim da Silva Serva, como nascido no bispado de Beja (Baixo Alentejo, sul de Portugal).

Há que estudar melhor essa questão, pois se é comprovável inclusive ao tempo e na própria empresa de Silva Serva, há vários indícios de que, por não se tratar de um comportamento constante, o estabelecimento de relações exatas entre últimos sobrenomes e cidades de nascimento talvez não seja possível. Pelos casos citados, pode-se ver que ao menos dentro da família de Manoel Antonio da Silva Serva, parentes seus não nasceram em Cerva, embora mantivessem o mesmo "Silva Serva".

Além desses novos Silva Serva recém-apresentados (Manoel José da Silva Serva, descoberto no estudo de Pablo Iglesias Magalhães sobre as "servinas", sobre quem se tem mais detalhes nos documentos aqui trazidos por indicação de Urano Andrade; e Miguel Joaquim da Silva Serva, mencionado, aparentemente pela primeira vez entre estudiosos de Silva Serva, no conteúdo da carta de Berbert de Castro a um descendente de Silva Serva, aqui descrito), outro personagem foi destacado em estudo publicado recentemente, embora sem maior aprofundamento. Trata-se do personagem apresentado por Berbert de Castro como sendo o revisor da Tipografia Serva, Bento José Serva, sobre quem o historiador pouco se estendeu no seguinte trecho:

> Sabemos, porém, por valiosa informação que nos presta um livro manuscrito, incompleto, encadernado sob o título de Descrição da Bahia, existente no arquivo do Instituto Histórico e Geográfico Brasileiro, que a tipografia baiana começou a trabalhar com um diretor ou mestre, de nome Marcelino José, um corretor ou revisor, chamado Bento José Gonçalves Serva, seis aprendizes da composição, quatro serventes do prelo e um encadernador [...].[9]

Sobre esse Bento José Gonçalves Serva não há informação no livro de Berbert de Castro que sacie a curiosidade de quem se pergunta se ele era parente do proprietário da empresa ou se seu sobrenome era mera coincidência. Coube à pesquisadora Márcia Abreu, professora de teoria literária na Universidade Estadual de Campinas (Unicamp) e estudiosa do romance no Brasil dos séculos XVIII e XIX, lançar luz sobre o personagem em um ensaio publicado em 2009, "Os lugares dos livros: comércio livreiro no Rio de Janeiro joanino". O texto descreve o crescimento dos negócios com livros na então capital do império português a partir da chegada do príncipe regente e da corte, mostrando por exemplo que era ínfimo o número de livrarias, mas comum a venda de obras literárias em lojas de todos os tipos: "Havia livros à venda em locais diversos e não apenas em lojas especializadas nesse comércio. Era prática corrente sua comercialização em estabelecimentos nos quais se negociavam artigos tão variados quanto mapas, relógios, telas, tecidos ou meias".[10] Em seu estudo, Márcia Abreu relaciona vários casos de comerciantes comprando e vendendo livros no

Rio de Janeiro, importando e exportando para outros cantos do mundo, mostrando uma grande mudança nos poucos anos desde a liberação da tipografia no país. E apontar

> Anos depois, em 1820, Bento Jozé da Silva Serva, autodesignado "Comerciante da Villa de S. Pedro do Sul", recebia da Bahia um conjunto expressivo de folhetos e livros "para serem vendidos por sua conta", entre os quais constavam 800 *Autos de D. Pedro*, 710 *Autos de Ruberto*, 703 *Galatéias*, *Polifemo e Laurindo*, 613 *Treslados*, 50 *Culeçoins para Meninos* ou 40 *Entremezes de Sobina*. Seu sobrenome, seu ramo de atividades e a proveniência das obras permitem supor uma relação com o conhecido livreiro baiano Manoel Antonio da Silva Serva, que também atuava no comércio livreiro carioca.[11]

A pesquisadora relaciona esse "Bento Jozé" com o "Bento José" de Berbert de Castro. Ela escreve: "Renato Berbert de Castro afirma que Bento José Gonçalves Serva trabalhava como revisor de provas, em 1811, na tipografia de Manoel Antonio da Silva Serva em Salvador".[12] E ainda: "Talvez fosse o mesmo indivíduo que, anos depois, em 1820, tivesse se transferido para a Vila de S. Pedro do Sul".[13]

De fato, cabe mais investigação para se apurar se é o mesmo cidadão ou mais uma das repetições de nomes que parecem ser a marca entre parentes de Serva, por absoluta falta de criatividade ou por um rito de referências cruzadas, como fazem muitas tribos indígenas para perpetuação da memória do parentesco. Também a origem dos livros recebidos pode ser tema de mais profunda análise, pois, embora estivessem sendo recebidos "da Bahia", não constam os seus títulos das relações conhecidas de impressos pelas sucessivas tipografias Serva.

Há indícios de que "Gonçalves Serva" fosse de alguma forma um sobrenome associado a "Silva Serva", por laços que, se não foram de parentesco, por certo eram de afinidade. É o que se depreende do seu aparecimento em descrições sobre gerações de Silva Serva. Pablo Iglesias Magalhães, ao detalhar os poucos aspectos biográficos conhecidos de Manoel José da Silva Serva, diz que ele teve "uma filha chamada Firmina Carlota da Silva Serva, que faleceu em 1817. O poeta Pato Moniz lhe dedicara duas obras: 'Versos consagrados à saudosa memoria da senhora d. Firmina Carlota da Silva Serva e oferecidos pela amizade a seu esposo Antonio José Gonçalves Serva, e a seu pai, o senhor Manoel José da Silva Serva'; e 'A apparição, poema elegíaco em quatro cantos'[…]".[14] O historiador segue em sua referência biográfica destacando também o fato de que Firmina Carlota possuía livros impressos pela tipografia do Silva Serva da Bahia, como pôde constatar em uma loja de livros antigos, ao encontrar um exemplar de uma obra impressa em Salvador em 1816, em cuja encadernação constava o nome completo de sua antiga proprietária.

Em sua carta de 1983 a Jayme Ribeiro Serva, Berbert de Castro registra: "João Batista Gonçalves Serva, de 30 anos, natural de Braga, faleceu em 6 de outubro de 1812", um ano depois da inauguração da tipografia de Silva Serva. Embora citado em carta sobre a descendência de Silva Serva, sua menção está em um parágrafo solto, sem mais referências.

Foram aqui apresentados novos documentos que "encaixam tudo", no que diz respeito ao surgimento de um Silva Serva do outro lado do Atlântico, certamente um parente e parceiro comercial, indicando que Manoel Antonio da Silva Serva pode ter sido membro de uma empresa familiar com atividade em Portugal e no Brasil, dedicada ao comércio de "trastes" domésticos, de livros e, a partir de certo momento, também à tipografia, devotando-se à impressão em geral, mas principalmente a livros e periódicos, atividade que perdurou até pelo menos 1846, quando morreu seu filho mais velho e homônimo, encerrando o negócio.

Seu filho mais novo persistiu com atividade empresarial na Bahia: em 1845 ainda tinha uma loja na mesma região de Santa Bárbara onde o pai atuara e viveu pelo menos até 1876, já que nesse ano deu liberdade a um menino escravo de sua propriedade. Pelos documentos citados, vê-se que até 1871 a família Silva Serva, se não era numerosa, tampouco estava à beira da extinção na Bahia. Mas, como ressaltou Octavio Mangabeira, ela não chegou a marcar presença na comemoração do centenário da criação da imprensa baiana, em 1911. Eis aí outro tema para estudos mais aprofundados que possam explicar como em menos de quatro décadas a família sumiu da Bahia.

Um reencontro duzentos anos depois

Antes do início desta pesquisa, quase tudo que eu sabia sobre Manoel Antonio da Silva Serva tinha aprendido em um encontro ocorrido já em minha idade adulta. Quando pequeno, meu pai, que se chamava Jayme, narrava apenas a história que tinha ouvido de seu pai, que se chamava Leão, que por sua vez a ouvira do pai, que se chamava Jayme e nascera na Bahia: meu pai contava a mim e a meu irmão, que também se chama Jayme, que um ancestral seu era editor em Portugal, viera para o Brasil com a corte de d. João, em 1808, trazendo uma tipografia; como o navio do príncipe parou em Salvador, ali ele ficou e instalou a primeira impressora de livros do Brasil. Contava também que seu avô, o Jayme baiano, lutara na Guerra do Paraguai e, ao final do conflito, decidira fixar raízes em São Paulo e nunca mais voltara à Bahia.

Ao longo de sua vida agitada, marcada por aventuras e mudanças de casas e cidades, dois casamentos e frequentes crises econômicas, Jayme Ribeiro Serva nem mesmo tinha preservado os volumes da tipografia baiana que possuía, não sei se por herança ou se comprados nos sebos que frequentava na juventude.

Em um feriado na virada dos anos 1970 para os 1980, fui convidado a passar um fim de semana prolongado na fazenda do bibliófilo José Mindlin, com um grupo de amigos de sua filha Sônia, entre os quais estavam também os futuros jornalistas André Singer e Otavio Frias Filho, com os quais iria conviver por mais tempo na *Folha de S.Paulo*, a partir de 1983. No jantar, Mindlin me perguntou de onde vinha meu sobrenome. Quando lhe contei a história que meu pai me contara, ele me corrigiu; o enredo estava só vagamente certo: Silva Serva já estava no Brasil antes de d. João, sua editora fora a segunda do país e ele tinha feito também um jornal. Naquela mesma noite, Mindlin me chamou para ver um volume antigo da tipografia baiana, um pequeno livrinho chamado *Paráfraze dos Provérbios de Salomão*, que ele conservava na pequena biblioteca da fazenda, uma das obras mais populares entre as editadas por Silva Serva. E, uns dias depois, o gentilíssimo bibliófilo fez chegar a minhas mãos um livro chamado *A primeira imprensa da Bahia e suas publicações*, de Renato Berbert de Castro, que ele contou ser um dos maiores estudiosos de Silva Serva. Ele também me ofereceu o contato do amigo baiano, caso eu quisesse aprofundar os conhecimentos sobre meu ancestral. Devo a Mindlin esse encontro com minha origem.

Na época, eu acabei não indo atrás dessas raízes, mas meu pai o fez. Viajou à Bahia no início dos anos 1980, quando sua saúde ainda permitia. Trocou cartas com Berbert de Castro, conheceu uma família baiana de sobrenome Serva, procurou Marcello de Ipanema, no Rio, escreveu para todos os Serva que encontrou em catálogos telefônicos de assinantes em todo o país, perguntando se sabiam remontar suas origens até o pioneiro da imprensa. Chegou a compor uma pasta com documentos, fez uma árvore genealógica de Manoel Antonio até ele. Foi quando descobriu que este vinha a ser seu trisavô, e que seu avô, Jayme Soares Serva, era filho de um também editor de jornais, José Antonio da Silva Serva, entre outras coisas mais.

Esses documentos, principalmente as cartas de Berbert de Castro, e as pesquisas que meu pai fez a partir daquelas informações preciosas me foram úteis, contendo várias referências para este trabalho. Foi neles que identifiquei a existência, ainda no início do século XIX, de um Miguel Joaquim da Silva Serva, desconhecido dos estudiosos da imprensa; de dois José Antonio, homônimos e contemporâneos, já na segunda metade do século, ambos com filhos chamados Jayme. Também graças a eles, pude determinar com certeza a data da morte de Manoel Antonio da Silva Serva, filho, que aparentemente encerrou o ciclo da família na imprensa baiana.

Cerca de trinta anos se passaram até que, no final de 2011, recebi um e-mail do historiador baiano Luis Guilherme Pontes Tavares, que eu não conhecia. Especializado em história da imprensa, ele trabalhava então na organização de eventos comemorativos dos duzentos anos do surgimento da primeira revista brasileira, *As Variedades*, criada por Silva Serva em 1812, um ano depois de seu jornal. Queria me convidar para participar dos eventos, como "tataraneto e jornalista". Pontes Tavares acabou se tornando fonte de muitas informações e contatos, entre outras ajudas que me prestou. Foi um verdadeiro orientador deste livro. Além de pesquisador dedicado, é um grande animador cultural, o que o torna referência também para os estudos de outros pesquisadores, com quem me pôs em contato.

Ao participar dos eventos em Salvador, em fevereiro de 2012, fiquei impressionado com as descrições das muitas realizações de Manoel Antonio da Silva Serva. O evento ocorreu na Biblioteca Pública, cujo plano inicial está descrito no impresso que a Tipografia Serva fez circular no primeiro dia de seu lançamento, em 13 de maio de 1811. E mais impressionado fiquei ao pensar como em São Paulo quase nada se sabe sobre Silva Serva fora do mundo acadêmico, enquanto na Bahia a existência de descendentes diretos de Serva, ainda mais os dedicados ao jornalismo, causava surpresa até mesmo aos estudiosos da obra do empreendedor português radicado em Salvador na virada do século XVIII para o XIX.

Decidi então escrever sobre o assunto. Nada do que escrevi poderia ter sido produzido sem a colaboração e o incentivo de Pontes Tavares, que, além de informações diretas, me indicou o caminho das pedras para chegar até as novas informações que estão vindo à luz. Por sugestão dele, conheci Ana Virginia Pinheiro, bibliotecária-chefe do setor de Obras Raras da Biblioteca Nacional; Pablo Iglesias Magalhães, historiador; Marcelo Serva, arquiteto; Maria Teresa Matos, diretora do Arquivo Público da Bahia, além da decana historiadora, mas também a mais energética de todas as fontes, Cybelle de Ipanema. A essas pessoas e aos jornalistas Nelson Cadena e Biaggio Talento (que "encaixou" no enredo da imprensa o papel de Silva Serva para popularizar as fitinhas do Bonfim), agradeço a atenção, o tempo e a paciência. Também agradeço a colaboração do pesquisador Urano Andrade pelos documentos que indicou e pela atenção sempre solidária.

Navegar pela história de jornais é uma experiência muito interessante, creio, mesmo para quem não gosta de história mas se preocupa com essa indústria que era nascente ao tempo de Manoel Antonio da Silva Serva e parece tão decadente ao tempo de seus tataranetos, em um ciclo de aproximadamente duzentos anos. Uma coisa que chama a atenção é a coincidência do discurso do poder, então como agora, tentando confundir censura com controle de qualidade. No início do século XXI, como no início do século XIX, os poderosos seguem investindo em ataques ao livre exercício do jornalismo com o mesmo discurso do conde dos Arcos: todo o controle social ou externo dos jornais "a fim de que se imprima com a correcção indispensável este periódico, que não admitte proceder-se á exame". Os governantes de hoje gostariam que, pelo exercício do "controle social da mídia" ou pela obrigatoriedade do diploma para o exercício da profissão, se conseguisse obter mais ou menos o que dizia o despacho do governador da Bahia em 1812:

> Deverá anunciar as novidades mais exactas, de todo o Mundo, e que mais interessantes forem, a Historia do Tempo.
> Deverá contar as noticias Politicas, sempre da maneira mais singela, anunciando simplesmente os Factos, sem interpor quaisquer Reflexoens, que tendão directa ou indirectam.te a dar, qualquer inflexão a opinião publica.[1]

A relação entre jornalismo e poder é feita de uma constante tensão pendular. Mas é imperioso lembrar aos poderosos de hoje, sempre tão ciosos do discurso de esquerda, o aviso contido no primeiro parágrafo de *O 18 de Brumário de Luís Bonaparte*, de Karl Marx: "Em alguma passagem de suas obras, Hegel comenta que todos os grandes fatos e todos os grandes personagens da história mundial são encenados, por assim dizer, duas vezes. Ele se esqueceu de acrescentar: a primeira vez como tragédia, a segunda como farsa".[2]

Não preciso me estender sobre quem são os farsantes nessa encenação de novos flertes do Brasil com a censura.

Outra coisa que salta aos olhos ao ler sobre o nascimento da imprensa no Brasil, muito semelhante ao nascimento em outros países, enquanto assistimos ao seu aparente ocaso – o que dá a oportunidade de ver "o alfa e o ômega" desse meio de comunicação –, é perceber que os jornais tinham estruturas absolutamente enxutas e focadas, com poucos jornalistas escrevendo apenas o que seus leitores mais demandavam. O desenvolvimento transformou o jornal em meio de comunicação de massa e hoje ele se debate para manter a lucratividade e a penetração dos tempos áureos. E, quanto mais agita, mais afunda. Talvez seu caminho para sobreviver na areia movediça atual fosse adotar a leveza dos primeiros tempos e boiar sobre as águas agitadas... Mas certamente esta é uma reflexão mais apropriada para outro estudo.

Voltando à tipografia de Silva Serva, ao começar a pesquisa, eu não imaginava que chegaria a encontrar documentos e informações inéditas. Ao mesmo tempo, não pensava que essas informações poderiam servir tanto para explicar quanto para confundir. Os novos documentos aqui publicados indicam a necessidade de mais e mais estudos, abrem novas frentes, em vez de assentar o que estava em suspensão. Tudo isso só vem a reforçar o que me disse na Bahia o historiador Pablo Iglesias Magalhães: até agora apenas arranhamos a história de Manoel Antonio da Silva Serva.

Notas

INTRODUÇÃO

1 Tavares, Luis Guilherme Pontes (org.). *Apontamentos para a história da imprensa na Bahia*, p. 30.

HOMEM DE NEGÓCIOS E AGITADOR CULTURAL

1 Carvalho, Alfredo; Torres, João N. *Annaes da Imprensa da Bahia*.

2 Serva, Manoel Antonio Silva (ed.). *Almanach civil, político, e commercial da Cidade da Bahia para o anno de 1845*. [Nos documentos e textos históricos citados e transcritos neste livro foi mantida a grafia da época.]

3 Tavares, Luis Guilherme Pontes (org.). *Apontamentos para a história da imprensa na Bahia*, p. 32.

4 Cadena, Nelson V. "'O Rabecão': um jornal explosivo". Disponível no site Memórias da Bahia, em www.ibahia.com/a/blogs/memoriasdabahia/2013/11/18/o-rabecao-um-jornal-explosivo. Acesso em: 18/11/2013.

5 Houaiss, Antônio; Villar, Mauro de Salles. *Dicionário Houaiss da língua portuguesa*, p. 1.833.

6 Cadena, Nelson V. "'O Rabecão': um jornal explosivo", op. cit.

7 Ipanema, Cybelle de; Ipanema, Marcello de. *A tipografia na Bahia*, pp. 118-9.

8 Magalhães, Pablo Antonio Iglesias. "A palavra e o império: a propósito de uma *Arte da gramática* impressa na Bahia em 1811". In: *Anais de história de além-mar*, v. x, pp. 231-48.

9 Castro, Renato Berbert de. *A primeira imprensa da Bahia e suas publicações*.

10 Idem, ibidem, p. 113.

11 Magalhães, Pablo Antonio Iglesias, op. cit., p. 240.

12 Castro, Renato Berbert de, op. cit.

13 Pinto, António Joaquim de Gouveia. *Manual de appelações e agravos*. Disponível em: http://purl.pt/6428, da Biblioteca Nacional de Portugal. Acesso em: 11/11/2013.

A BAHIA DO BRASIL COLÔNIA

1 Gomes, Laurentino. *1808*, p. 122.

UMA TIPOGRAFIA EM FAMÍLIA

1 Tavares, Luis Guilherme Pontes. "Está faltando a biografia de Silva Serva". Palestra no seminário "200 Anos de Jornalismo na Bahia", 11/5/2011. Salvador: Facom/UFBA, 2011.

2 Idem, ibidem, p. 3.

3 Ipanema, Cybelle de; Ipanema, Marcello de. *A tipografia na Bahia*, pp. 109-10.

4 Mendes, Abraão. "Empresário de Cerva fez história no Brasil". Artigo publicado no site Vila de Cerva (viladecerva.blogs.sapo.pt) disponível em: http://viladecerva.blogs.sapo.pt/3728.html. Acesso em: 11/11/2013.

5 Ipanema, Cybelle de; Ipanema, Marcello de, op. cit., p. 110.

6 Castro, Renato Berbert de. *A primeira imprensa da Bahia e suas publicações*, p. 15.

7 Magalhães, Pablo Antonio Iglesias. "Livros ultramarinos: o comércio das servinas em Portugal". In: *Revista Portuguesa de História do Livro*, p. 436.

8 Ipanema, Cybelle de; Ipanema, Marcello de, op. cit., p. 108.

9 Idem, ibidem.

10 Idem, p. 111.

11 Idem, p. 113.

12 A posição específica da *Idade d'Ouro* na cronologia dos periódicos brasileiros merece uma explicação. Lançada em 14/5/1811, a gazeta baiana é geralmente apontada como "o terceiro jornal" brasileiro, após (1) o pioneiro *Correio Braziliense* (uma publicação impressa em Londres pelo brasileiro Hipólito José da Costa a partir de 1808, que ao leitor contemporâneo mais pareceria um livro, com suas oitenta páginas, proibido em território português, incluindo o Brasil, circulava clandestinamente); e (2) a *Gazeta do Rio de Janeiro*, editada pela Coroa a partir da chegada da corte portuguesa ao Brasil, em 1808, funcionando como jornal e diário oficial. Porque o *Correio Braziliense* era vendido clandestinamente e a *Gazeta do Rio* era o diário oficial da Coroa, a *Idade d'Ouro* é denominada "o primeiro jornal de iniciativa privada impresso em território brasileiro", nas palavras de Luis Guilherme

Pontes Tavares, no "Prefácio" de Silva, Maria Beatriz Nizza da. *A primeira gazeta da Bahia: "Idade d'Ouro do Brazil"*, p. 9.

13 Vários autores. *A revista no Brasil*, p. 12.

14 A definição de revista ou jornal é sutil. *A revista no Brasil*, publicado em 2000 pela Editora Abril para comemorar seus cinquenta anos, afirma o seguinte: "[…] cerca de cem páginas e conteúdo mais opinativo e analítico do que noticioso ou informativo, o *Correio Braziliense*, marco inaugural da imprensa brasileira, bem poderia, para os padrões da época, ser chamado de revista, tanto quanto As Variedades – mas é mais comumente tratado como jornal. As duas publicações, na verdade, não pareciam uma coisa nem outra, tinham cara de livro" (*A revista no Brasil*, op.cit., p. 18).

15 Ipanema, Cybelle de; Ipanema, Marcello de. *Silva Porto: livreiro na corte de d. João, editor na Independência*.

16 Castro, Renato Berbert de, op. cit., p. 39.

17 Pinheiro, Ana Virginia. *A Typographia Silva Serva na Biblioteca Nacional: catálogo de livros raros*. Publicação apenas em formato digital disponível em: www.bn.br/portal/arquivos/pdf/silvaserva2.pdf, p. 4. Acesso em: 11/11/2013.

18 Castro, Renato Berbert de, op. cit., p. 50.

19 Carvalho, Alfredo; Torres, João N. *Annaes da Imprensa da Bahia*, p. 55.

20 Cadena, Nelson V. "'O Rabecão': um jornal explosivo". Disponível em: www.ibahia.com/a/blogs/memoriasdabahia/2013/11/18/o-rabecao-um-jornal-explosivo.

21 Serva, Manoel Antonio Silva (ed.). *Almanach civil, político, e commercial da Cidade da Bahia para o anno de 1845*.

22 Houaiss, Antônio; Villar, Mauro de Salles. *Dicionário Houaiss da língua portuguesa*, p. 608.

23 Serva, Manoel Antonio Silva (ed.), op. cit., p. 216.

24 Carvalho, Alfredo; Torres, João N., op. cit., p. 54.

25 Idem, p. 44.

26 Idem, ibidem.

AS FITAS DO BONFIM

1 Hollanda, Helenita; Talento, Biaggio. *Basílicas e capelinhas*, p. 188.
2 Idem, ibidem, p. 186.
3 Idem, ibidem, pp. 186-7.
4 Idem, ibidem, p. 188.

A GRÁFICA E A GAZETA

1 Gomes, Laurentino. *1808*, p. 92.
2 Castro, Renato Berbert de. *A primeira imprensa da Bahia e suas publicações*, pp. 19-30.
3 Ipanema, Cybelle de; Ipanema, Marcello de. *A tipografia na Bahia*, pp. 41-51.
4 Apud Castro, Renato Berbert de, op. cit., p. 24.
5 Idem, ibidem, p. 26.
6 Idem, ibidem, p. 27.
7 Ipanema, Cybelle de; Ipanema, Marcello de, op. cit.
8 Idem, p. 34.
9 Idem, ibidem.
10 Idem, ibidem, p. 33.
11 Castro, Renato Berbert de, op. cit., p. 22.
12 Tavares, Luis Guilherme Pontes (org.). *Apontamentos para a história da imprensa na Bahia*, p. 29.
13 Castro, Renato Berbert de, op. cit., pp. 54 ss.
14 Idem, ibidem.
15 Vários autores. *Grande Enciclopédia Larousse Cultural*, p. 3.061.
16 Dn 2,32-33. *Bíblia de Jerusalém*. São Paulo: Paulinas, 1981, p. 1.181.
17 Castro, Renato Berbert de, op. cit., pp. 54 ss.
18 Bobbio, Norberto; Matteucci, Nicola; Pasquino, Gianfranco. *Dicionário de política*, p. 585.
19 Sodré, Nelson W. *História da imprensa no Brasil*, pp. 29 ss.
20 Silva, Maria Beatriz Nizza da. *A primeira gazeta da Bahia: "Idade d'Ouro do Brazil"*, p. 15.

21 Castro, Renato Berbert de, op. cit., p. 42.
22 Idem, p. 33.
23 Idem, p. 28.
24 Idem, ibidem.
25 *Idade d'Ouro do Brazil*, 15/5/1811, p. 4.
26 Silva, Maria Beatriz Nizza da, op. cit., p. 55.
27 Idem, ibidem, p. 54.
28 Idem, ibidem, p. 37.
29 Castro, Renato Berbert de, op. cit., p. 62.
30 Macedo, Inácio J. de. O *Velho Liberal do Douro*, n. 34, p. 316.
31 Bivar, Diogo Soares da Silva e. *As Variedades ou Ensaios de Literatura*, apud Castro, Renato Berbert de, op. cit., p. 82.
32 Castro, Renato Berbert de, op. cit., p. 82.
33 Idem, p. 63.
34 Idem, ibidem.

GARIMPEIRA DE LIVROS

1 Pinheiro, Ana Virginia. A *Typographia Silva Serva na Biblioteca Nacional: catálogo de livros raros*. Publicação apenas em formato digital disponível em: www.bn.br/portal/arquivos/pdf/silvaserva2.pdf. Acesso em: 11/11/2013.

2 Castro, Renato Berbert de. A *primeira imprensa da Bahia e suas publicações*, p. 89.

3 Pinheiro, Ana Virginia, op. cit.
4 Idem, p. 5.
5 Idem, p. 33.
6 Idem, ibidem.
7 Idem, p. 6.

AINDA MUITO POR PESQUISAR

1 Magalhães, Pablo Antonio Iglesias. "Livros ultramarinos: o comércio das servinas em Portugal". In: *Revista Portuguesa de História do Livro*, p. 438.

2 Castro, Renato Berbert de. *A primeira imprensa da Bahia e suas publicações*, pp. 113 e 148.

3 Moraes, Rubens Borba de. *Livros e bibliotecas no Brasil colonial*.

4 Idem, ibidem, pp. 134-5; e Magalhães, Pablo Antonio Iglesias, op. cit., p. 435.

5 Magalhães, Pablo Antonio Iglesias, op. cit., p. 436.

6 Idem, ibidem.

7 Idem, p. 4.

8 Idem, ibidem.

9 Castro, Renato Berbert (et al.). *Sobre a revista "As Variedades"*.

10 Idem, p. 37.

11 Idem, pp. 13-7.

12 Idem, pp. 29-30.

13 Idem, ibidem.

14 Lindley, Thomas. *Narrative of a voyage to Brasil*. Londres: J. Johnson, St. Paul's Church-Yard, 1805, p. 117. Disponível em fac-símile digital no Google Books: http://goo.gl/2K8sCb. Acesso em: 11/11/2013. Tradução do autor.

15 Prior, James. *Voyage Along the Eastern Coast of Africa: To Mosambique, Johanna, and Quiloa and St. Helena; to Rio de Janeiro, Bahia, and Pernambuco in Brazil. In the Nisus frigate*, p. 104. Disponível em fac-símile digital no Google Books: http://goo.gl/UBjuBD. Acesso em: 11/11/2013. Tradução do autor.

SURGEM NOVOS PERSONAGENS

1 Castro, Renato Berbert de. *A primeira imprensa da Bahia e suas publicações*, p. 48.

2 Magalhães, Pablo Antonio Iglesias. "Livros ultramarinos: o comércio das servinas em Portugal". In: *Revista Portuguesa de História do Livro*, p. 438.

3 Idem, ibidem, p. 440.

4 Idem, ibidem, p. 436.

5 Ipanema, Cybelle de; Ipanema, Marcello de. *A tipografia na Bahia*, pp. 109-10.

6 Castro, Renato Berbert de. Carta pessoal a Jayme Ribeiro Serva, 14/8/1983.

7 Idem.

8 Magalhães, Pablo Antonio Iglesias, op. cit., pp. 438-9.

9 Castro, Renato Berbert de, op. cit., p. 33.

10 Abreu, Márcia. "Os lugares dos livros: comércio livreiro no Rio de Janeiro joanino". In: *Floema, Cadernos de Teoria Literária*, ano III, n. 5A, p. 8.

11 Idem, p. 15.

12 Idem, p. 15, nota 27.

13 Idem, p. 8.

14 Magalhães, Pablo Antonio Iglesias, op. cit., pp. 5-6.

UM REENCONTRO DUZENTOS ANOS DEPOIS

1 Apud Castro, Renato Berbert de. *A primeira imprensa da Bahia e suas publicações*, p. 27.

2 Marx, K. *O 18 de Brumário de Luís Bonaparte*, p. 25.

Catálogos das obras impressas por Silva Serva e sucessores

1. LIVROS E IMPRESSOS EM GERAL*

Typographia de Manoel Antonio da Silva Serva
de maio de 1811 a junho de 1819

Ano	Castro**	BN***	
1811	1		Prospecto da Gazeta da Bahia
1811	2	4	Plano para o estabelecimento de huma biblioteca
1811	3		Oração gratulatória ao Príncipe Regente
1811	5		Ode feita aos annos de S.A.R.
1811	6		Ode ao Illustríssimo, Excelentíssimo Francisco da Silveira Pinto de Fonseca
1811	7		Despertador, ou único meio de salvar a Hespanha

---

* Relação baseada em A primeira imprensa da Bahia e suas publicações (Castro, 1969) para os livros produzidos entre 1811 e 1819, acrescida de algumas obras indicadas por outros autores. De 1819 em diante, fontes manuscritas diversas, principalmente roteiro produzido por Luis Guilherme Pontes Tavares, mais indicações de Ipanema (2010), Magalhães (2009) e Pinheiro (2011).

** Nesta coluna, os livros relacionados em A primeira imprensa da Bahia e suas publicações (Castro, 1969) trazem a numeração com que aparecem naquele catálogo; os números 4 e 18 do catálogo eram dedicados aos periódicos Idade d'Ouro e As Variedades; nesta edição, ao adotar o critério da Biblioteca Nacional, os periódicos passaram a compor uma lista específica (ver p. 191).

*** Os livros relacionados em A Typographia Silva Serva na Biblioteca Nacional (Rio, 2012: Biblioteca Nacional) trazem nesta coluna a indicação do número em que aparecem naquele catálogo.

Ano	Castro	BN	
1811	8	5	Oração gratulatória e política improvisada no Colégio da Bahia no aniversário que fez o Senado
1811	9	3	Discurso recitado na sessão de abertura da Livraria Pública da Bahia no dia 4 de agosto de 1811
1811	10		Principios geraes ou Verdadeiro método para se aprender a ler e pronunciar com propriedade
1811	11	6	Manobra das peças ligeiras da campanha
1811	12	7	Tratado de commercio e navegação entre os muito altos e muito poderosos senhores o príncipe regente de Portugal [...]
1811	13		A gloria de Portugal
1811	14		Almanach da cidade da Bahia para o ano de 1812
1811	15		Prospecto de Huma obra periódica que vai publicar-se, denominada: As Variedades
1811	16	1	Observações sobre a franqueza da indústria e estabelecimento de fábricas no Brasil
1811	17	2	Observações sobre a prosperidade do Estado pelos liberais princípios da nova legislação
1811	–		Arte da Grammatica portugueza, ordenada em methodo breve, facil e claro, de Pedro José de Figueiredo
1811	–		Formulário de assentamento militar
1812	19		Affectos de amor fixo de um pecador convertido a Jesus Cristo Crucificado por José Cortez
1812	20		A guerra e a paz na Europa. Egloga de Antonio Joaquim Carvalho
1812	21		Compendio da obra de Adão Smith
1812	22		Carta apologetica sobre a necessidade de praticar os remédios purgantes em toda sorte de febres
1812	23		Flores celestes colhidas entre espinhos da sagrada coroa da augusta [...]
1812	24	9	Elementos de osteologia pratica oferecidos ao ilustríssimo senhor doutor José Correia Picanço

Ano	Castro	BN	
1812	25		Índice cronológico das leis e alvaras, decretos e cartas regias, promulgadas no Brasil
1812	26		Breve memória dos estragos causados no bispado de Coimbra pelo exercito francez
1812	27		Oração gratulatória recitada no Collegio da Bahia que fez o Senado da Câmara em 23.01.1812
1812	28		Elogio para se recitar na abertura do Real Theatro de São João no faustíssimo dia 13/5 natalício do principe regente
1812	29		Hymno recitado no novo Theatro São João
1812	30		Plano para os exames públicos do Collegio da Boa Sorte na cidade da Bahia
1812	31	11	Marília de Dirceo por T.A.G. 1ª parte, 4ª edição
1812	32		Observações medicas
1812	33		Odes saphicas a S.A.R., por José Anselmo Correa
1812	34		Diario Náutico
1812	35		Cartilha de Doutrina Christã, com perguntas e respostas para uso dos meninos
1812	36		Previlegio das cartas de jogar
1812	37		O rosario meditado
1812	38	10	Fábulas de Phedro
1812	39		Palafox em Saragoça ou a Batalha de 10 de agosto do ano de 1808/ Drama em três atos
1812	40		O verdadeiro modo de confessar-se bem
1812	41		Quadro comparativo da despesa e receita da Câmara da Bahia
1812	42	8	Manual do Engenheiro
1813	43	12	Viola de Lereno, colleção das suas cantigas oferecida aos amigos
1813	44		Tratado de anatomia, da Myologia, parte 2
1813	45		Marilia de Dirceu por T.A.G. Segunda parte, terceira edição
1813	46		Marilia de Dirceu por T.A.G. Terceira parte, segunda edição
1813	47	13	Da febre e da sua curação

Ano	Castro	BN	
1813	48		Escola nova christã e política
1813	49		Parafraze dos proverbios de Salomão
1814	50		Tratado de Anatomia da Angiologia. Parte III por José Soares Castro
1814	51		Elogio a sereníssima princesa da Beira
1814	52		Pastoral de Dom fr. Francisco de S. Damazo de Abreu Vieira (arcebispo eleito da Bahia)
1814	53		Pastoral de Dom fr. Francisco S. Damazo de Abreu Vieira (24 pp.)
1814	54	14	Pastoral de Dom fr. Francisco de S. Damazo de Abreu Vieira (9 pp.)
1814	55		Arte da Grammatica Portugueza, Ordenada em Methodo Breve. Terceira Impressão, de Pedro José Figueiredo
1814	56		Manual devoto para assistir a missa com dous ofícios de N. Senhora e São José
1814	57		Descripção da Ilha d'Elba
1814	58		Bahia, o 1º de outubro de 1814, da receita e despesa
1815	59	16	Sermão com memoria do faustíssimo dia em que S. Alteza Real entrou na barra da Bahia
1815	60		Pauta dos preços por onde se despachão as fazendas da Bahia
1815	61		Memoria sobre a excellência, virtudes e uso medicinal da verdadeira agua da Inglaterra
1815	62		Finezas de Jesus sacramentado para com os homens
1815	63	18	Parafraze dos proverbios de Salomão
1815	64		Tratado de Anatomia, da nevrologia, parte IV
1815	65	15	Manual do engenheiro ou elementos de geometria prática
1815	66	17	Memórias physiologicas e praticas sobre o aneurisma
1815	67		Pratica criminal do foro militar
1815	68		Memoria sobre encephalocelle, por Manuel Joaquim Henriques de Paiva
1815	69		Relação da despesa e receita que teve esta casa da Santa Misericordia desta cidade da Bahia

Ano	Castro	BN	
1815	70		Horas portuguezas de Carlos do Valle Carneiro
1815	71		Conta da despesa e receita do Theatro S. João desta cidade
1816	72		Oração de Sapiencia composta em latim
1816	73		Oração de Sapiencia, traduzida em portuguez
1816	74	20	Oração composta e recitada em latim no dia 3 de fevereiro de 1816
1816	75		Oração gratulatória pela exaltação do Brazil em reino recitada na Catedral da Bahia em 24/2/1816
1816	76		Manual das appelações e agravos
1816	77		Relação da receita e despesa, que teve esta casa da Santa Misericórdia da Bahia – 1815/1816
1816	78		Dom Francisco de S. Damazo de Abreu Vieira
1816	79		Hymnos sacros por Salvador das Neves
1816	80	19	Oração fúnebre recitada por fr. Francisco Xavier de S. Rita Bastos
1816	81		Manual da religião christã e legislação criminal portuguesa ou Codigo da Mocidade
1816	82	21	Oração fúnebre recitada nas exequias que a Real Junta da Fazenda fez à Augustíssima
1816	83		Visitas ao santíssimo sacramento e Maria santíssima para todos os dias do mês
1816	84		Memoria sobre os conhecimentos necessários a hum official militar
1816	85	22	Novo methodo de fazer açúcar
1816	86		Oração fúnebre recitada na matrix de S. Estevão do Jacuípe, em 8/8 no funeral de S. Majestade Maria I
1816	87		Observações fysiologicas sobre a vida e morte obtidos
1816	88	23	Prospecto de hum systema simplicíssimo de medicina
1816	89		Rudimentos grammaticaes portugueses
1816	90		Observações sobre as affecções catarrhaes, por Cabanis
1816	91		Prospecto de hum systema simplicíssimo de medicina

Ano	Castro	BN	
1817	92		Filosofia química ou verdades fundamentais da química moderna
1817	93		Conta de receita e despesa do Theatro de S. João desta cidade...
1817	94		Dom Marcos de Noronha e Brito, conde dos Arcos, do conselho de sua majestade, el-rei
1817	95		Colleção das ordens do dia do governo
1817	96	25	Andromaca, tragedia de João Racine
1817	97		Relação da receita e despesa, que teve a Casa da Santa Misericórdia
1817	98		Bahia 8 de março de 1817 / Conta para a despesa e recebimento...
1817	99		Ellogio ao commercio, recitado na Praça do Commercio
1817	100	26	Relação do festim que ao ilmº e exmº senhor Dom Marcos de Noronha e Brito
1817	101		Institutiones metaphysicae
1817	102	24	Tratado de operações de banco
1817	103		Eduardi Job/ Schol. Piar/ Institutiones Philosophiae
1817	104		De cura boum in Brasilia/ Latino Carmine deducta
1817	105		Instrucções para o exercicio dos regimentos de infantaria
1817	106		Arte da Grammatica Portugueza, de Pedro José de Figueiredo
1817	107		Tableau historique de la conspiration
1817	108		Luiz Gomes Leitão de Moura
1817			Proclamação de D. Marcos de Noronha e Brito, Conde dos Arcos, 21/3/1817
1817			Proclamação de D. Marcos de Noronha e Brito, Conde dos Arcos, 29/3/1817
1818			Mapa demonstrativo da Distribuição de 32:000$000 que o Corpo dos Negociantes Pernambuco...
1818	109	27	Oração funebre, nas exequias da Muito Alta, Muito Poderosa e Fidelíssima Senhora D. Maria I
1818	110		Ode pyndarica oferecida a majestade d'el rei nosso senhor Dom João VI

Ano	Castro	BN	
1818	111		Oração Gratulatoria Recitada na Cathedral da Bahia, na Festa que selebrou o Senado
1818	112		Elogio recitado pela figura allegorica do genio do Reino Unido no real Theatro de S. João
1818	113		Relação de bilhetes
1818	114	31	Joanni, Portugalliae, Brasiliae, et Algarbiorum Regi Fidelissimo
1818	115	29	Arte poética de Q. Horácio Flacco
1818	116		Relação da receita e despesa que teve esta Casa Santa Misericórdia da Bahia
1818	117	30	Alfonsíada, poema heroico
1818	118	28	Catálogo dos livros que se achão na Biblioteca Pública da Cidade da Bahia
1818	119		Economia da vida humana
1818	120		Manual de Medicina e Cyrurgia practica Tomo 1
1818	121		Manual de Medicina e Cyrurgia practica Tomo 2
1819	122		Conta de despeza e receita do Theatro S. João a cargo do tesoureiro Manoel José de Mello
1819	123		Colleção de cartas para meninos aprenderem a ler e escrever letra de mão
1819	124		Cornelio Nepotes
1819	125	32	Sermões e panegyricos recitados pelo presbytero Romualdo Antonio de Seixas
1819	126		Diccionario de Botanica. Por Manoel Joaquim Henriques de Paiva
1819	127		Atalá ou os amores de dous selvagens do deserto por Francisco Augusto Chateaubriand

Typographia de Serva, e Carvalho junho a agosto de 1819
Typographia da Viúva Serva, e Carvalho 1819-27

Ano	BN	
1819	33	Constituição de Hespanha. Bahia
1819		Manual de Medicina e Cyrurgia practica Tomo 3
1819		Manual de Medicina e Cyrurgia practica Tomo 4
182?	34	Exame analytico-crítico da solução em questão Pastoral do deão Fernandes da Silva Freire
182?	35	Discurso pronunciado na sala das cortes, na Sessão de 5 de Abril
1820	36	Carta pastoral do exm⁰ e revm⁰ senhor fr. Joseph da S.S. Trindade, bispo de Mariana
1820	37	Carta dirigida a el rei o senhor Dom João VI
1820		Memoria justificativa da conducta da Bahia
1821	38	Proclamação que a Junta Provisional do Governo da BA faz aos Habitantes
1821	39	Oração gratulatória pronunciada no Collegio de Jesus desta cidade aos 28 de abril
1821	40	Oração recitada por fr. Francisco Xavier de Santa Rita
1821	41	Pastoral: Dom Romualdo de Souza Coelho, pela graça de Deus
1821	42	Memórias para as cortes lusitanas em 1821
1821	43	Lembranças úteis tendentes à melhor reforma que o Brazil procura pela Constituição
1821	44	Manifesto da Província da Bahia aos povos do Brasil
1821		Sermão em acção de graças pela Gloriosa Regeneração do Reino Unido
1821		Sermão em ação de graças pronunciado no Colégio de Jesus desta cidade aos 28/4
1821	45	Reflexões sobre o Decreto de 18 de Fevereiro deste anno
1821		Reflexões offerecidas aos deputados
1821		Observações às reflexões oferecidas aos deputados
1821		Refutação imparcial do folheto intitulado
1821		Relação dos sucessos do dia 26 fevereiro de 1821

Ano	BN	
1821		Edital
1821		Memória sobre o estabelecimento da província do Espírito Santo
1821		Narração imparcial dos sucessos da Bahia desde o dia 16 até 22 de fevereiro
1822	46	Proclamação: a junta provisória de governo da província da Bahia 1/4/1822
1822	47	Proclamação: a junta provisória de governo da província da Bahia 27/6/1822
1822		Oração gratulatória que em o dia 25/4/1822 aniversário da nossa augusta rainha, Carlota Joaquina
1822	48	A América inglesa e o Brasil contrastados
1822	49	Supplemento A América inglesa e o Brasil contrastados
1822		Circular aos senhores presidentes, vereadores e procurador da camara pela junta provisória
1822		Analyse da carta que a junta de São Paulo mandou a S.A.R./O.D.C. ao soberano congresso
1822	50	Proclamação: Habitantes da Bahia!
1822	51	Proclamação: Habitantes da Cidade!
1822	52	Discurso sobre o estado actual do Brasil dirigido à Soberania
1822	53	Reflexões sobre o Estado actual do Brasil
1822	54	Reforço patriotico ao censor luzitano, na interessante tarefa
1823	55	O Doutor Presidente, e deputados da Meza da Inspecção
1823	56	Domingos José de Almeida Lima, querendo desabuzar ao público
1823	57	Ilmo e Exmo Senhor, Convenho. Quartel General da Bahia, 20 de julho de 1823
1823		Proclamação a junta provisória do governo da província da Bahia
1823		Reflexões
1823		Proclamação
1823		Discurso
1823		Continuação do discurso

Ano	BN	
1823		Ilmº e exmº senhor Vicente Antonio da Silva Correa
1823		Manifesto de Napoleon
1823		Catecismos da Diocese de Montpelier
1823		Oração religiosa e política recitada na capela do Terceiro de S. Domingos
1823		Diálogo interessante
1823		Queixa contra a caterva dos corcundas
1823		Reflexões sobre o estado atual da Bahia
1823		Voz da verdade sobre o Estado da Bahia
1823		Constituição política da monarquia portuguesa
1823		Palmatória para os pedreiros livres
1823		Vergalho crítico para os redactores do Rio de Janeiro
1823		Declarações feitas a todos os brasileiros e mais cidadãos para conhecerem o doloroso falso sistema do governo do Rio
1823	58	Bando: José Joaquim de Lima e Silva, official da Imperial Ordem do Cruzeiro 8/7/1823
1823	59	José Joaquim de Lima e Silva, official da Imperial Ordem do Cruzeiro 10/7/1823
1823		Ratificação do protesto feito no Congresso de Lisboa
1823		Memória sobre a crise actual da província da Bahia
1824	60	Vicente Thomaz de Aquino, Notário Apostolico de Sua Santidade

Typographia da Viúva Serva e Filhos 1827 a começo de 1833

1828	61	Proclamação : À Nação portugueza: nao he como vosso rei que agora vos Fallo
1828		Oração gratulatória que em 13 de junho de 1827 recitou nos depositórios de Francisco Pinto Lima
1828		Armas do Império

Ano	BN	
1828		Armas do Império
1828		Manifesto Imparcial que oferecem ao público o clero, comércio e militares da província de Alagoas
1829	62	Por Libello crime de abuso de liberdade de imprensa...
1831	63	Os representantes da Nacao, abaixo assignados, doídos profundamente dos acontecimentos
1831		Reflexões críticas sobre a administração da justiça em Inglaterra
1831		Proclamação dos representantes da nação brasileira dirigida ao povo do Brasil
1831		Representação dirigida ao exmº senhor presidente da província
1831		Epístolas à Marília
1831		Noticias ultimamente chegadas do Rio de Janeiro pelo paquete inglez na tarde de 30 de julho corrente
1831	64	Brasileiros: os vossos representantes deputados da Assembléia Geral
1831	65	Soldados: a Gloria que adquiriste no Campo da Honra
1831	66	Oração d'acção de graças pela feliz restituição a patria dos seus denodados filhos marciais
1831	67	Proclamação: Habitantes da Bahia! A tranquilidade pública acaba...
1831	68	Proclamação: Bahianos! Alguns indivíduos da mais ínfima plebe...
1831	69	Senhores do Conselho Geral de Província He com toda satisfação...
1831	70	Correspondência Sr. Redactor da Gazeta da Bahia
1831	71	Proclamação: Bahianos! Testemunha occular e...
1831		Senhores do Conselho Geral da Província
1831		Estatutos da Sociedade Conservadora da Bahia
1831		Relatório do exmº sr. Ministro da Justiça Diogo Antonio Feijó
1831		O artista na Bahia

Impressão da Viúva Serva 1829

Ano	BN	
1829	72	Monsieur de Kinglin

Typographia da Viúva Serva 1833-37

1834	73	O Povo Paraense, cançado de soffrer dispotismos
1834		Memória offerecida à Sociedade de Agricultura
1834		Exposição
1836	74	Memória e consideração sobre a população do Brasil por Henrique Jorge Rebello
1837	75	Estatutos da Caixa Economica da Cidade da Bahia
1837		Noureddin em Bolsorá
1837	76	Memória Apologética do Tratado de Commercio negociado entre o Ministro do Brasil e Portugal
1837	77	Instituiçoens logicas

Typographia da Aurora de Serva e Comp. Ou Typographia de Serva e Comp. 1836-38

1837		Dissertação sobre a carta dos vertebros (Tese apresentada e sustentada perante o juri médico)
1837		Caramurú, poema epico
1837	78	Instrucção pastoral sobre o santo sacrificio da missa
1837	79	A religião da razão ou harmonia da razão com a religião revelada
1837	80	Dança dos mortos, offerecida aos vivos
1837	81	O segredo de triumphar das mulheres
1837	82	Restauração da Bahia em 1625 ou A Expulsão dos Hollandeses

Ano	BN	
1838	83	Correspondência official do quartel mestre general, o tenente coronel Manoel Joaquim Pinto
1838		Cartas dos amantes ou Emília e Frontino
1838	84	Elogio oferecido a S.M.I. o senhor Dom Pedro 2° pelo fiel criado… Visconde de Pirajá
1838		Discursos recitados na presença das primeiras autoridades da província
1838		Nova edição da simples e breve exposição do senhor doutor Francisco Gonçalves Martins

Typographia Imperial e Constitucional de Viúva Serva 1838-40

1838	85	Quartel General da Bahia 17/3/1838 Ordem do dia número 13
1838		Proclamação
1838		Ordem do dia n. 1
1838		Proclamação
1838		Proclamação
1838	86	Pastoral em que o exmo revmo senhor padre Romualdo Antonio Seixas…
1838		Ao publico imparcial, refutação do discurso do senhor deputado Francisco Gonçalves Martins

Typographia de Manoel Antonio da Silva Serva (filho) 1838-40

Ano	BN	
1838	87	Ao Sr. Chefe de Polícia Francisco Gonçalves, responde o Rebouças
1839	88	Ao Publico: exposição do Inspector da Thesouraria da Bahia
1839	89	Camões, poema
1839		Cartas de Echo e Narciso, por Antonio Feliciano
1839		Dous de dezembro de 1839
1840	90	Prologo ao Curso de Anatomia, recitado no Amphiteatro

Typographia Imperial e Constitucional de Manoel Antonio da Silva Serva (filho) ou Typographia de M. A. da S. Serva 1841-46

1843	91	Poesias de Antonio Ferreira Santos Capirunga
1843	92	Exposição das razões que reclamão o tratado de commercio entre Brasil e Portugal
1843		Breves reflexões acerca do cometta apparecido em 1º de março de 1843
1843		Arte versificatória
1843		Paulo e Virginia
1843		Almanach para o ano de 1845
1843		Norma Typographica
1843		O templario, melodrama em três atos
1843		Luzia de Lammermoor, melodrama em três atos
1843		Beatriz de tenda

2. PERIÓDICOS*

Typographia de Manoel Antonio da Silva Serva
de maio de 1811 a junho de 1819

Ano	
1811	*Idade d'Ouro do Brazil* (circulou em diferentes formatos e periodicidades, entre 14/5/1811 e 24/6/1823)
1812	*As Variedades ou Ensaios de Literatura*

Typographia de Serva, e Carvalho junho a agosto de 1819
Typographia da Viúva Serva, e Carvalho 1819-27

1821	*Semanario Civico*
1821	*Minerva Bahiense*
1821	*Diario Constitucional*
1822	*O Constitucional*
1822	*Sentinella Bahiense*
1822	*Baluarte Constitucional***
1822	*Espreitador Constitucional*
1822	*Idade de Ferro*
1822	*Despertador dos Verdadeiros Constitucionaes*
1822	*A Abelha*

* Relação produzida a partir das indicações dos *Annaes da Imprensa da Bahia (1º Centenário 1811-1911)*, de Alfredo de Carvalho e João N. Torres (Typographia Bahiana, 1911) e roteiro produzido por Luís Guilherme Pontes Tavares. Colaboraram também Nelson Cadena e Pablo Iglesias Magalhães.

** Os *Annaes da Imprensa da Bahia* não identificam a tipografia do *Baluarte Constitucional*. A informação aqui é de Pablo Iglesias de Magalhães.

1823	Echo da Pátria
1824	Grito da Razão
1824	Correio da Bahia

Typographia da Viúva Serva e Filhos 1827 a começo de 1833

1827	O Farol
1828	O Soldado de Tarimba
1828	Sentinella Constitucional da Liberdade
1828	Gazeta da Bahia
1829	A Funda de David Defronte do Periodico O Bahiano
1829	A Massa de Hércules
1830	Imparcial Brazileiro
1830	O Campeão Brazileiro
1831	Sentinella da Liberdade
1831	A Milicia
1831	Esquadrinhador
1831	O Voto Bahiense
1831	O Pereira
1831	O Pereirinha (ou Pereira Junior)
1831	O Paschoal
1831	A Joven Bahiana
1831	A Ronda dos Capadocios
1831	Os Contrabandistas
1832	O Tolo Fallador
1832	Choradeira dos Banzelistas
1832	Quaresma Política
1832	O Paschoal Contra os Banzelistas
1832	O Viajante – Em Observação ao Mensageiro da Bahia
1832	O Escrivão Revistando o Portacollo

1832	O Descobridor de Verdades
1832	O Açoute dos Despotas
1832	O Diabo Disfarçado em Urtiga
1832	O Paraguassú
1833	O Doudo nos Seus Lúcidos Intervalos
1833	Conversa dos Sinos da Bahia
1833	Gazeta Commercial da Bahia (circulou de 1/5/1833 a ?/9/1846)

Typographia da Viúva Serva 1833 a 1837

1834	Jornal da Sociedade de Agricultura, Comércio e Indústria da província da Bahia***
1834	O Frade
1834	O Tribuno Brasileiro
1836	O Ante-Cemiterista
1836	O Gallo de Campina****

Typographia da Aurora de Serva e Comp. ou Typographia de Serva e Comp. 1836-38

1836	Aurora da Bahia
1837	O Recopilador ou Livrarias dos Meninos

*** Publicado entre 1832 e 1836, o jornal teve diferentes tipografias. Os Annaes da Imprensa da Bahia informam que em 1834 foi editado por Viúva Costa & Filhos (sic); na seção de livros raros da Biblioteca Pública do Estado da Bahia, no entanto, os números de 20 a 30 estão identificados como tendo sido impressos pela Typografia da Viúva Serva.

**** Os Annaes da Imprensa da Bahia não identificam a tipografia onde foi impresso o jornal, sobre o qual diz: "Nenhuma outra informação se pode obter". Octavio Mangabeira, em Centenário da imprensa baiana (Tavares, 2008, p. 32), diz que o jornal era impresso pela Viúva Serva.

1837	*O Defensor dos Caixeiros*
1837	*O Censor*

Typographia Imperial e Constitucional de Viúva Serva 1838-40

1838	*O Legalista*
1839	*Theiopolita*
1840	*O Gafanhoto*
1840	*O Perú*
1840	*O Frade Leigo*
1840	*O Ferreiro*
1840	*O Conciliador Bahiano*

Typographia de Manoel Antonio da Silva Serva 1838-40

1838	*O Portuguez*
1839	*O Brasileiro*
1839	*Dous de Julho*
1840	*O Verdadeiro Constitucional*
1840	*Pedro Segundo e a Constituição*

Typographia Imperial e Constitucional de Manoel Antonio da Silva Serva ou Typographia de M. A. da S. Serva 1841-46

1841	*Escola Domingueira* (circulou de 13/6/1841 a 20/9/1846)
1841	*O Progresso*
1843	*O Rabequista*

Bibliografia

A BÍBLIA DE JERUSALÉM. São Paulo: Paulinas, 1981.

ABREU, Márcia. "Os lugares dos livros: comércio livreiro no Rio de Janeiro joanino". In: *Floema, Cadernos de Teoria Literária*. Vitória da Conquista: Uesb, 2009, a. III, n. 5A, pp. 7-30.

BARROS NETO, Nelson. "Arquivo Público da Bahia funciona há três anos sem luz". In: *Folha de S.Paulo*, 27/12/2012, p. A-7.

BIVAR, Diogo Soares da Silva e. *As Variedades ou Ensaios de Literatura, 1812*. Fac-símile da 1ª ed. Salvador: Fundação Pedro Calmon, 2012.

BOBBIO, Norberto; MATTEUCCI, Nicola; PASQUINO, Gianfranco. *Dicionário de política*. 11ª ed. Brasília: UnB, 1998.

CADENA, Nelson V. "'O Rabecão': um jornal explosivo". No site Memórias da Bahia, em www.ibahia.com/a/blogs/memoriasdabahia/2013/11/18/o-rabecao-um-jornal-explosivo. Acesso em: 18/11/2013.

CARVALHO, Alfredo; TORRES, João N. *Annaes da Imprensa da Bahia*. Salvador: Typographia Bahiana, 1911.

CASTRO, Renato Berbert de. *A primeira imprensa da Bahia e suas publicações*. Salvador: Imprensa Oficial da Bahia, 1969.

_____ (et al.). *Sobre a revista "As Variedades"*. Salvador: Fundação Pedro Calmon, 2012.

GOMES, Laurentino. *1808*. São Paulo: Planeta, 2008.

HOLLANDA, Helenita; TALENTO, Biaggio. *Basílicas e capelinhas*. Salvador: Bureau, 2008.

HOUAISS, Antônio; VILLAR, Mauro de Salles. *Dicionário Houaiss da língua portuguesa*. Rio de Janeiro: Objetiva, 2001.

IPANEMA, Cybelle de; IPANEMA, Marcello de. *A tipografia na Bahia*. 2ª ed. Salvador: Edufba, 2010.

_____. *Silva Porto: livreiro na corte de d. João, editor na Independência*. Rio de Janeiro: Capivara, 2007.

LINDLEY, Thomas. *Narrative of a voyage to Brasil*. Londres: J. Johnson, St. Paul's Church-Yard, 1805. Disponível em: http://books.google.com.br/books?id

=rg4IAAAAQAAJ&printsec=frontcover&hl=pt-BR&source=gbs_ge_su mmary_r&cad=0#v=snippet&q=masonry&f=false, 2011. Acesso em: 11/11/2013.

MACEDO, Inácio J. de. *O Velho Liberal do Douro*. Porto: Imprensa do Gandra, 1833, n. 34. Coleção particular de Pablo Iglesias Magalhães.

MAGALHÃES, Pablo Antonio Iglesias. "A palavra e o império: a propósito de uma 'Arte da gramática' impressa na Bahia em 1811". In: *Anais de História de Além-Mar*. Lisboa: Cham, 2009, v. X, pp. 231-48.

_____. "Livros ultramarinos: o comércio das servinas em Portugal". In: *Revista Portuguesa de História do Livro*. Lisboa: Távola Redonda, 2012, pp. 433-65.

MARX, Karl. *O 18 de Brumário de Luís Bonaparte*. São Paulo: Boitempo, 2011.

MENDES, Abraão. "Empresário de Cerva fez história no Brasil". Artigo publicado no site Vila de Cerva (viladecerva.blogs.sapo.pt) disponível em: http://viladecerva.blogs.sapo.pt/3728.html. Vila de Cerva, 2010. Acesso em: 11/11/2013.

MORAES, Rubens Borba de. *Livros e bibliotecas no Brasil colonial*. Rio de Janeiro: SCCT: 1979.

PINHEIRO, Ana Virginia. *A Typographia Silva Serva na Biblioteca Nacional: catálogo de livros raros*. Publicação apenas em formato digital disponível em: www.bn.br/portal/arquivos/pdf/silvaserva2.pdf. Rio de Janeiro: Biblioteca Nacional, 2012. Acesso em: 11/11/2013.

PINTO, António Joaquim de Gouveia. *Manual de appelações e aggravos*. Lisboa: Imprensa Régia, 1820. Disponível em reprodução digitalizada no endereço entrônico http://purl.pt/6428, da Biblioteca Nacional de Portugal. Acesso em: 11/11/2013.

PRIOR, James. *Voyage Along the Eastern Coast of Africa: To Mosambique, Johanna, and Quiloa and St. Helena; to Rio de Janeiro, Bahia, and Pernambuco in Brazil. In the Nisus frigate*. Londres: Sir Richard Phillips and Co. 1819. Disponível em forma digital através do sistema de pesquisa de livros do Google http://books.google.com/?hl=EN.

SERVA, Manoel Antonio Silva (ed.). *Almanach civil, político, e commercial da Cidade da Bahia para o anno de 1845*. Edição fac-similar. Salvador: Fundação Cultural do Estado da Bahia, 1998.

SILVA, Maria Beatriz Nizza da. *A primeira gazeta da Bahia: "Idade d'Ouro do Brazil"*. 3ª ed. Salvador: Edufba, 2011.

SODRÉ, Nelson Werneck. *História da imprensa no Brasil*. 4ª ed. Rio de Janeiro: Mauad, 1999.

TAVARES, Luis Guilherme Pontes (org.). *Apontamentos para a história da imprensa na Bahia*. Salvador: Academia de Letras da Bahia, 2008.

_____. "Está faltando a biografia de Silva Serva". Palestra no seminário "200 Anos de Jornalismo na Bahia", 11/5/2011. Salvador: Facom/UFBA, 2011.

VÁRIOS AUTORES. *Grande Enciclopédia Larousse Cultural*. São Paulo: Nova Cultural, 1998.

DOCUMENTOS MANUSCRITOS

CASTRO, Renato Berbert de. Carta pessoal a Jayme Ribeiro Serva, 14/8/1983, 2 páginas.

Documentos do Arquivo Público do Estado da Bahia:
- ID 65513 – Período Colonial: Escritura de débito: Livro 132, p. 177 e verso. Interessado Basílio de Oliveira Vale; Parte: Manoel Antonio da Silva Serva.
- ID 41320 – Tribunal da Relação: Inventário: Estante 3, Caixa 1019, Maço 1488, Data Final: 1871. Interessado: José Antonio da Silva Serva; Parte: Maria José de Figueiredo Serva.
- s/ ID anotado – Livro 409, p. 26. Interessado: Hora (Africana); Parte: José Antonio da Silva Serva. Ano: 1871 (data: 27/1).
- s/ ID anotado – Livro 511, p. 13. Interessado: Alfredo (Crioulo); Parte: José Antonio da Silva Serva. Ano: 1876 (data: 21/8).

Documentos do Arquivo Histórico Ultramarino, Lisboa, parte da coleção Projeto Resgate, Fundo Castro Almeida:
- 17424 – 1811, Fevereiro, 27, Lisboa: Conselho Ultramarino – Brasil-Baía: Certidão do negociante da Bahia Manoel Antonio da Silva

Serva, atestando o estado de pobreza dos sobrinhos Miguel Joaquim e Inacia Maria e a necessidade de levar los consigo para a Bahia. AHU_ACL_CU_005, Cx. 253, D. 17424.

› 17927 – 1815, Outubro, 27, Lisboa: Conselho Ultramarino – Brasil-Baía: Requerimento de Manoel Antonio da Silva Serva ao príncipe regente d. João solicitando licença para ir à Bahia levando consigo o seu caixeiro... AHU_ACL_CU_005, Cx. 258, D. 17927.

› 17930 – 1815, Outubro, 29, Lisboa: Passaporte do secretário de estado da Marinha e Guerra d. Miguel Pereira Forjás Coutinho autorizando a viagem de Lisboa para Bahia da galera Tamega... AHU_ACL_CU_005, Cx. 258, D. 17930.

Sobre o autor

Leão Serva (1959) é jornalista e colunista da *Folha de S.Paulo*, jornal em que foi editor e secretário de Redação. Foi também diretor do *Jornal da Tarde* e da revista *Placar* e participou da criação do diário *Lance!*, do portal iG e do jornal on-line *Último Segundo*. É colaborador regular das revistas *Trip*, *Audi Magazine* e *Jornalismo* ESPM. É mestre em comunicação e semiótica pela PUC-SP. Publicou, entre outros, os livros *A batalha de Sarajevo* (Scritta, 1994) e *Jornalismo e desinformação* (Senac, 2001). É também coautor dos guias *Como viver em São Paulo sem carro* (Santa Clara Ideias, 2012, 2013).

Este livro foi composto na fonte Albertina
e impresso em fevereiro de 2014 pela
Corprint, sobre papel pólen bold 90 g/m².